AF366463

OBSERVATIONS

SUR

LES MOTS ZENDS ET SANCRITS

VAHISTA ET VASICHTHA,

ET

SUR QUELQUES SUPERLATIFS EN ZEND,

PAR EUGÈNE BURNOUF.

EXTRAIT DU NOUVEAU JOURNAL ASIATIQUE.

OBSERVATIONS

LES MOTS ZENDS ET SANSCRITS

VAHISTA ET VASICHTHA,

ET

SUR QUELQUES SUPERLATIFS EN ZEND.

Dans le premier chapitre de mon *Commentaire sur le Yaçna*, j'ai essayé de rapprocher le mot *vahista*, signifiant en zend *excellent*, de *Vasichtha*, qui, en sanscrit, désigne, comme on sait, un sage anciennement célèbre chez les Brahmanes [1]. L'analyse que j'ai faite du mot zend m'avait suggéré l'opinion que le radical commun de ces deux mots, qui jouent chez les Parses et chez les Brahmanes un rôle très-important, était *vas*, d'où dérive en sanscrit *vasu* (bien) et en zend *vôhu*, sans parler d'un grand nombre d'autres mots qui en sont formés à l'aide de divers suffixes. J'étais loin de m'attendre, quand j'exposais ce résultat, qu'il serait confirmé de la manière la plus positive par la glose d'une des règles de Pànini, dont je n'ai

---

[1] *Commentaire sur le Yaçna*, tom. I, pag. 128 sqq.

eu connaissance que depuis l'impression de cette partie de mon Commentaire. Quelques mots me suffiront
pour faire connaître cette glose, et pour exposer la
conséquence qui en résulte relativement à l'explication
du nom de *Vasichtha*.

Le mot *Vasichtha* n'est donné que comme nom
propre dans le dictionnaire de Wilson, et je ne crois
pas qu'on ait trouvé jusqu'ici de texte qui autorise à
supposer qu'il a un autre emploi. Les lexicographes
indiens en indiquent, suivant Wilson, la dérivation de
la manière suivante : « वस *vasa*, to abide (in the
« practice of religious austerities), affix. णिनि, वसिन्
« *vasin*, superlative affix. इष्ठन् added, preeminent
« among the ascetics. » Quoique cette dérivation soit,
matériellement parlant, tout à fait conforme aux lois
de la grammaire sanscrite, puisque le suffixe *ichtha*
(en sa qualité de *taddhita*) ne peut se joindre qu'à
un mot ayant déjà un suffixe, qui disparaît devant
ichtha, il est cependant permis d'avancer qu'elle est
un peu forcée, sous le rapport de la signification des
éléments qui y figurent, et que le sens de *vasin* (qui
ne paraît pas d'ailleurs exister dans la langue) ne
conduit pas très-directement au nom d'un sage émi-
nent parmi les ascétiques. Or autant cette explication
est peu naturelle, autant est simple celle que fournit
la glose d'une des règles de Pânini relatives au comparatif et au superlatif en *iyas* et en *ichtha*. Voici
cette règle avec les exemples qui en font comprendre
l'application ; elle se trouve au livre VI, ch. 4, r. 163 :

प्रकृत्यैकाच् ॥ एकोऽच् यस्मिन् स । इष्ठेमेयस्सु परेषु प्रकृ-
त्या स्यात् ॥ अतिशयेन स्रग्वी । स्रजिष्ठः । स्रजीयान् ॥
अतिशयेन त्वग्वान् । त्वचिष्ठः । त्वचीयान् । एकाच् किम्
वसुमान् । वसिष्ठः ॥

Comparé aux règles précédentes, cet axiome, avec
la glose qui l'accompagne, signifie que un mot ayant
une voyelle, lorsqu'il prend les suffixes *ichṭha, iman*
et *íyas*, revient à sa forme radicale, c'est-à-dire perd
son suffixe propre devant *ichṭha, iman* et *íyas*. Ainsi
pour avoir le superlatif de *sragvin* (qui porte un cha-
pelet), on forme, avec les suffixes *ichṭha* et *íyas*,
sradjichṭha et *sradjíyas* (très-couvert de chapelets),
de même que de *tvagvat* (qui a une écorce) on forme
avec les mêmes suffixes *tvatchichṭha* et *tvatchíyas*
(qui est très-couvert d'écorce). Mais s'il arrive que
le mot qui a donné naissance à l'adjectif que l'on
veut modifier à l'aide des suffixes *ichṭha* et *íyas*, ait
plus d'une voyelle, et conséquemment ne soit pas monosyllabique, alors *ichṭha* et *íyas* font disparaître non-
seulement le suffixe conformément à la présente règle,
mais encore la dernière voyelle du mot primitif, conformément à la règle générale [1], d'où il suit que de *vasumat* (riche) on a *vasichṭha* (très-riche).

Cela posé, n'est-il pas permis de penser que le nom
propre *Vasichṭha* n'est que ce superlatif même formé
d'après la règle que nous venons de citer ? On remar-

____
[1] Bopp, *Gramm. sanscr.*, p. 252.

quera qu'il ne résulte pas nécessairement de ce rapprochement que *Vasichtha* doive signifier *le plus riche*. Car *vasumat* (positif de *vasichtha*) peut avoir un grand nombre d'autres significations, telles que, « qui « possède des rayons, des joyaux, de l'or, de l'eau, etc. » Mais ce qui ressort de la règle de Pânini, et des exemples qui l'expliquent, c'est que *vasumat* forme son superlatif avec *ichtha*, et que *vasichtha* est ce superlatif lui-même.

Quant à l'explication du mot zend *vahista* (dont les Parses ont fait *Behescht*), il résulte de ce qui précède que ce superlatif appartient bien au même radical que celui qui, en sanscrit, donne naissance à *vasu*, puis à son dérivé *vasumat*, c'est-à-dire à la racine *vas*. C'est un fait que j'ai avancé dans le travail auquel j'ai renvoyé tout à l'heure, en me fondant sur l'identité primitive de ce mot *vahista* avec les adjectifs *vanghu*, *vahya* et le substantif *vôhu* [1]. Ce fait me paraît maintenant tout à fait démontré par le rapprochement des formes sanscrites *vasumat* et *vasichtha*. Ce rapprochement même me donne l'occasion d'ajouter à ma première explication une particularité que j'avais omise, c'est la détermination exacte du positif duquel part le superlatif *vahista*. Je crois que ce positif n'est pas, comme en sanscrit, *vasu* avec le suffixe *mat*, car je n'ai jusqu'ici rencontré aucun adjectif comme *vanghumat* ou *vôhumat*, ce qui serait la forme correspondante du sanscrit *vasumat*. En zend nous voyons deux adjectifs qui

[1] *Comment. sur le Yacna*, pag. 111 sqq., et 128.

dérivent du radical *vas*, et qui, au moyen de divers suffixes, expriment avec des nuances diverses l'idée de *bon, vertueux*. Ces adjectifs sont وودرو *vanghu* (bon), et ودددرودو *vahya* (meilleur, excellent). Or si, pour joindre la formative du superlatif au positif *vanghu*, nous supprimons, selon la règle, la voyelle finale, nous obtiendrons *vangh-ista*; mais en zend cette forme est impossible, parce que l'aspirée *h* précédant un *i* ne reçoit jamais l'addition de la nasale prosthétique و *ng*; cette nasale doit donc disparaître de *vangh*, de sorte qu'on obtient régulièrement *vah-ista*, qui répond au sanscrit *vasichṭha*.

C'est par la même explication que je rends compte du mot *vahya*, qui, avec son suffixe complet, est ودددرودو *vahyô*, et dont la forme correspondante en sanscrit serait *vasîyas*. Car, quoique la glose sur la règle précitée de Pânini ne donne pas ce comparatif, on peut en toute assurance le conclure du rapprochement de *vasumat* et de *vasichṭha*; si cette dernière forme est le superlatif de *vasumat*, *vasîyas* doit en être le comparatif. Or que le zend *vahyô* soit le sanscrit *vasîyas*, c'est, je crois, ce dont on ne peut douter; *vahyô* est à *vasîyas*, comme *maçyêhi* est à *mahîyasî*, ancien comparatif de *mahat*, ainsi que nous l'avons montré dans notre Commentaire [1]. De part et d'autre, c'est-à-dire, dans *vahyô* comme dans *maçyô* (forme absolue dont le féminin est *maçyêhi*), le suffixe *îyas*

---

[1] *Comment. sur le Yaçna*, tom. I, pag. 73.

perd sa voyelle initiale et se joint immédiatement au thème, qui, de son côté, a perdu sa formative, selon la règle générale. Il se passe en zend ce que l'on remarque dans quelques comparatifs sanscrits, comme भूयस् *bhûyas* et ज्यायस् *djyâyas*, dont la formative ne garde pas sa voyelle; seulement ce qui est rare et exceptionnel en sanscrit est beaucoup plus général en zend, autant du moins que j'en puis juger par les formes des comparatifs, encore peu nombreuses il est vrai, que j'ai rencontrées dans les textes. Le lecteur curieux de vérifier l'existence du mot zend *vahyô*, avec l'acception de *très-bon* ou *meilleur* que je crois pouvoir lui donner, peut recourir aux passages que je cite en note, passages qui appartiennent tous au Yaçna, et qui seront expliqués dans mon Commentaire[1]. Je ne

---

[1] Voyez *Vendidad-sadé*, p. 173 et ms. Anq. n° 2 F, p. 207. Notre Vendidad lithographié écrit d'une manière très-fautive tout ce passage; il serait difficile de découvrir le sens des mots qui le composent sans le secours des autres manuscrits. Ainsi les mots lus *manahêtchâ vatchahê tchâ* doivent être corrigés comme dans le n° 6 S, p. 118 *manahitchâ vatchahitchâ*; le n° 2 F, pag. 207, appuie en partie cette leçon en lisant *manahitchâ*. Ces substantifs sont au locatif, ainsi que le suivant qui signifie *en action*. Les formes *manahi* et *vatchahi* sont des transformations régulières des locatifs sanscrits *manasi* et *vatchasi*, la sifflante dentale du thème *manas* se changeant en *h*, et ne prenant pas de *ng*, ainsi que nous l'avons fait voir dans notre Commentaire (*Observ. sur l'Alph. zend*, p. cx sqq.), parce qu'elle est suivie de la voyelle *i*. M. Bopp (*Vergl. Gramm.*, p. 233) est d'un avis contraire, et il forme théoriquement le locatif singulier

veux pas dire que *vahyô* ait nécessairement dans tous
les cas le sens d'un comparatif de *vanghu* (bon); il

de *vatchas* (en zend *vatchô*), avec l'insertion de la nasale *ng* qu'il
écrit *n* (*vatchanhi*). J'ai vainement cherché cette forme dans tout
le Vendidad-sadé, et je suis fondé à croire qu'elle ne peut y exister, parce que ce serait le premier exemple de la syllabe *hi* précédée du *ng*. Quant au substantif *skyaothna*, que Nériosengh et
Anquetil traduisent uniformément par *action*, j'y reconnais le
suffixe *na*, qui aspire vraisemblablement le *t* final du radical
affecté de *guna*, de sorte que *skyaoth* doit se ramener à *skyut*.
Mais je ne connais pas jusqu'à présent de radical sanscrit auquel
réponde cette racine zende, à moins de supposer que *çtchyut*
(stillare) ait pu avoir le sens de *emittere actum*, et par extension *agere*. Le changement du *çtch* en *sk* serait à peu près le même
que celui qu'on remarque dans le radical bien connu *tchhid*, qui
fait en latin *scindo*, pour le sanscrit *tchhinadmi*.

On trouve encore le mot *vahyô* rapproché du positif *vanghu*
dans un passage du XLIXe chapitre du Yaçna (*Vendidad-sadé*,
p. 422 ; ms. Anq., n° 2 F, p. 343); il est subordonné en qualité
de complément direct au verbe *dazdi* que notre Vendidad lithographié lit, fautivement je crois, *dazdé; le n° 2 F et le n° 3 S,
p. 217, ont *dazdî* avec un *î* long final ; mais les manuscrits varient
quant à l'orthographe de ce mot, et on trouve souvent avec un *i*
bref *dazdi* (Voyez n° 2 F, p. 207 et 105 ; *Vendidad-sadé*, p. 50
deux fois). Un passage remarquable du Xe chapitre du Yaçna,
auquel je viens de renvoyer p. 50 du Vendidad-sadé, me permet
d'avancer que *dazdi* ou *dazdî* est la deuxième personne de l'impératif du radical *dâ*, qui a conservé la trace du redoublement, et
l'ancienne désinence de la deuxième personne *dhi* changée en *di*,
vraisemblablement par suite de la confusion des deux lettres *d* et
dh. En effet *dazdi* revient au sanscrit *dad-dhi*, qui serait la
forme régulière et ancienne, puisque les formes *pures*, comme les
nomme M. Bopp, perdent leur *â* long, et que le radical avec redoublement *dadâ*, apocopé en *dad*, se joint immédiatement, dans
ces formes, aux désinences personnelles. En sanscrit, il est vrai,
l'impératif *déhi* fait exception, comme le fait aussi le zend *dâidhi*,
qui est plus ancien que le sanscrit, mais qui part du même principe, l'absence de redoublement, et la conservation de la voyelle

veut même dire le plus souvent *le bien*, comme en sanscrit *çrêyas* signifie la vertu. Mais ce que l'on peut regarder comme établi, c'est que les mots *vanghu, vahyô* et *vahista* sont entre eux dans le rapport du positif au comparatif et au superlatif.

La comparaison de ces diverses formes nous permet également de poser comme principe de la formation des superlatifs zends en *ista*, que, devant ce suffixe, la voyelle finale de l'adjectif que l'on veut modifier en y ajoutant l'idée de supériorité, doit être supprimée. C'est en effet ce que nous remarquons dans les superlatifs comme ۔۔۔ *razista* (très-droit), que je n'hésite pas à tirer du positif ۔۔۔ *erezu* (droit), qui n'est autre chose que le sanscrit *ridju*. Le superlatif *razista*, qui est d'un fréquent usage dans les textes zends, parce qu'il entre dans la composition du nom d'un Ized souvent invoqué, Raschné-Rast, vient de *erezu*, par la modification de *erë* en *ra*, et par la suppression de la voyelle finale devant le suffixe *ista*. C'est ainsi que de *vanghu* on fait *vahista*, et en sanscrit de *laghu*, *laghichtha*. Il y a plus, on trouve dans Pânini que la formation du superlatif ancien et vé-

du radical. Or, pour en revenir à la forme *dazdi*, le *z* y représente le *d* de *dad*, en vertu du principe qui veut qu'une dentale tombant sur une autre dentale se change en une sifflante ; ici la sifflante la plus propre à se placer devant une douce comme *d* est le *z* qui, comme nous l'avons fait remarquer ailleurs, appartient en propre à l'alphabet zend.

Voyez encore *vahyô*, employé dans les passages suivants, *Vendidad-sadé*, p. 125, et ms. Anq. nᵒ 2 F, p. 350 ; *Vendidad-sadé*, p. 386, et nᵒ 2 F, p. 321 ; *Vendidad-sadé*, p. 210 ; nᵒ 2 F, p. 215.

dique de *rĭdju* est identique à celle du zend *razista*, sauf les différences très-légères qu'introduit l'orthographe zende, comme l'emploi de *z* au lieu de *dj*, et l'absence d'aspiration dans le *t* du suffixe. En ne comprenant pas le mot *rĭdju* au nombre des adjectifs qui forment leur superlatif en *ichtha*, les grammaires européennes semblent indiquer que ce superlatif doit être *rĭdjutama*. Cependant ce qui se passe dans la dérivation du substantif ऋज्जिमन् *rĭdjiman* (rectitude) de ऋजु *rĭdju* (droit), suffirait déjà pour indiquer la possibilité d'un superlatif en *ichtha* pour l'adjectif *rĭdju*. Il est en effet facile de remarquer que les suffixes *ichtha* et *îyas* suivent également l'analogie de *iman*, et Pânini, dans les règles qui leur sont relatives, ne les sépare jamais les uns des autres. Mais cette hypothèse se change en certitude lorsque l'on rencontre dans Pânini (VI , 4 , 161), ऋज्जीयान् *rĭdjîyân*, nominatif masculin de ऋज्जीयस् *rĭdjîyas*, comparatif régulier de *rĭdju*. Voici la règle elle-même de Pânini ; la rareté du recueil grammatical qui porte son nom justifie la citation que nous croyons devoir faire de cet axiome, qui d'ailleurs est facile :

र ऋतो ह्लादेर्लघो: ॥ ऋ इत्येतस्य ह्लादेर्लघो र इत्येष श्रोदेश: स्यात्। इष्ठेमेयस्सु परेषु। पृथु। प्रथिष्ठ:। प्रथिमा। प्रथीयान्॥ मृदु। म्रदिष्ठ:॥ म्रदिमा। म्रदीयान्॥ ऋत: किं। पटिष्ठ:॥ ह्लादे: किं। ऋज्जीयान्॥ लघो: किं। कृत्तिमा॥

Le sens de cette règle est que la syllabe *ra* est substituée à la voyelle *ri* précédée d'une consonne et brève, bien entendu dans le cas où il s'agit des suffixes *ichtha, iman* et *iyas*. De là vient que de *prithu* on a *prathichtha, prathîyas, prathiman;* de *mridu,* on a *mradichtha, mradîyas, mradiman*. Or ici, selon les explications du commentateur, si la règle veut que la voyelle *ri* soit précédée d'une consonne, c'est que quand il en est autrement, en d'autres termes, quand *ri* est initial du mot, il subsiste sans changement, et qu'on ne le remplace pas par *ra;* de là vient qu'on a *ridjîyas* (et par analogie sans doute *ridjichtha*) au lieu de *radjîyas*. Si enfin la même règle exige que *ri* soit bref, cela veut dire que, s'il est long (et il ne peut être tel que par position), il subsiste encore sans changement; de là vient qu'on a *krichniman,* et non *krachniman*.

Maintenant nous ferons sur cette règle une double observation; la première c'est qu'elle applique aux suffixes *ichtha* et *iyas,* c'est-à-dire, aux superlatifs et aux comparatifs, ce que les grammaires de MM. Wilkins et Bopp disent du suffixe *iman,* ou des substantifs abstraits qui en sont formés. La seconde, c'est qu'elle prouve que l'adjectif *ridju* forme son superlatif et son comparatif, non-seulement avec les suffixes *tama* et *tara,* comme on est tenté de le supposer d'après les grammaires européennes, mais aussi avec les suffixes *ichtha* et *iyas*. Ajoutons que cette formation du superlatif et du comparatif de *ridju* (qui se retrouve en zend), s'éloigne cependant de celle que nous avons constatée dans cette dernière langue, en ce que l'exception établie par la règle de Pânini pour *rïdju* (exception en vertu de laquelle la syllabe *ra* n'est pas substituée à la voyelle *rï*), n'existe pas pour le zend *razista*, qui, au contraire, change *ĕrĕ* en *ra*, conformément à la règle que nous citions tout à l'heure en tant qu'elle porte sur *prïthu* (*prathichṭha*) et sur *mrïdu* (*mradichṭha*).

Or cette différence que l'on remarque ici entre le sanscrit et le zend, différence qui semble indiquer que le zend est plus régulier et conséquemment plus ancien, disparaît si l'on remonte jusqu'au dialecte des Vêdas, ou au sanscrit primitif. En effet, on y trouve, selon Pânini, le superlatif *radjichṭha* lui-même, superlatif qui n'est autre chose que le zend *razista*. Voici la règle de Pânini (VI, 4, 162), qui établit ce fait de la manière la plus positive :

विभाषर्जोश्छन्दसि ॥ ऋज्जु । इत्येतदवयवस्य ऋ इत्येतस्य वेद् र इत्येष आदेशो वा स्यात् ॥ इष्ठेमेयस्सु परेषु । रजिष्ठ-मिति पन्थानम् । व्मृजिष्ठ: ॥

Le sens de cette règle, avec la glose qui l'accompagne, est que le *rï* qui fait partie de *rïdju* se change en *ra* ou persiste sans altération dans le dialecte des Vêdas, toujours lorsqu'il s'agit de former des dérivés avec les suffixes *ichṭha*, *iman* et *îyas*. De là vient qu'on a, *ad libitum*, *radjichṭha* ou *rïdjichṭha*. La première de ces deux formes est appuyée par l'exemple qui signifie « rectissimam it viam, » la seconde par ces deux mots « tu rectissimus. » C'est sans contredit une coïncidence très-remarquable que celle des deux mots sanscrits et zends *radjichtha* et *razista,* et il n'est pas sans intérêt de voir le zend se rattacher d'une manière aussi directe au plus ancien dialecte sanscrit. C'est un fait que nous avons déjà eu plus d'une fois l'occasion de constater dans le premier volume de notre Commentaire, et dont nous retrouverons des preuves de plus en plus nombreuses et caractéristiques, à mesure que nous avancerons davantage dans la publication du Yaçna.

Le principe d'après lequel est formé le superlatif zend *razista,* quant à la suppression de la désinence du thème primitif *erezu,* trouve encore son application dans le superlatif سدددوهدس *âçista,* qui dérive du thème سددر *âçu* (rapide). On trouve ce mot au IXe chapitre du Yaçna, et Nériosengh le traduit exactement par वेगवत्तम *végavattama* (très-rapide [1]). On le remarque encore au commencement du LIXe chapitre du Yaçna, et le positif *âçu* se trouve à l'accusatif au commencement du chapitre précédent du même livre [2]. Nous n'avons pas besoin de faire remarquer que le zend *âçu* se trouve avec la même orthographe en sanscrit, et que c'est le grec ὠκύς, comme l'a remarqué M. Lassen quelque part.

---

[1] Voy. *Vendidad-sadé,* p. 43, ms. Anq., nº 2 F, 90. Voyez encore *Vendidad-sadé,* p. 280, 281, 282, 283.

[2] Voy. Ms. Anq., nº 2 F, p. 392, 393.

Cette analogie si frappante que l'on remarque entre la formation des superlatifs zends et celle des superlatifs sanscrits se poursuit-elle dans tous les détails de cette formation, et peut-on dire qu'en zend, comme en sanscrit, le suffixe qui fait l'adjectif, et la dernière voyelle du substantif dont l'adjectif est dérivé, doivent disparaître devant *ista* ? En d'autres termes, pouvons-nous affirmer que l'on rencontre en zend des exemples de superlatifs comme *vas-ichtha* de *vas-u-mat* ? J'en ai jusqu'ici trouvé un assez grand nombre pour être en état de décider cette question par l'affirmative ; et les remarques auxquelles donnent lieu divers superlatifs zends que je vais citer prouvent clairement que, sauf un seul cas, le zend suit exactement en ce point l'analogie du sanscrit.

Commençons par les adjectifs formés d'un suffixe joint immédiatement à un radical verbal, de sorte que la suppression du suffixe laisse à nu ce radical. Les superlatifs de ces adjectifs que j'ai rencontrés jusqu'à ce moment sont tous formés comme en sanscrit. Ainsi un des plus communs est *mazista* (très-grand), où le retranchement de *ista* laisse *maz*, radical de l'adjectif *mazô* pour *mazas*. Cet adjectif diffère du sanscrit *mahat*, non-seulement par l'orthographe (*z* pour *h*), mais par le suffixe *as* pour *at* [1], et par cette particularité que ce suffixe même disparaît souvent dans la déclinaison pour faire place à la formative du

---

[1] En sanscrit *mah* avec le suffixe *as* forme, non pas un adjectif, mais un substantif, *mahas*, qui, entre autres sens, a celui de *grandeur*, et qui se retrouve également en zend, écrit *maçô*.

cas, de sorte que la forme absolue de l'adjectif paraît alors être *maz* et non *mazas*. C'est ainsi que l'on trouve au datif singulier ⟨zend⟩ *mazê* au lieu de *mazanghê*, et même ⟨zend⟩ *mazôi*, qui revient à *mazê* avec une autre voyelle. C'est encore à ce même thème que doit se rapporter l'instrumental pluriel ⟨zend⟩ *mazbîs*, ou suivant notre Vendidad-sadé et sans doute plus régulièrement, ⟨zend⟩ *mazèbîs*, avec la voyelle propre au zend ⟨zend⟩ *è*, forme où le suffixe *as* ne paraît plus, et qui, par sa ressemblance avec ⟨zend⟩ *raotchèbîs* (luminibus), donne à penser que le mot *raotch*, au lieu d'être ainsi terminé primitivement par la consonne *tch*, a perdu (comme *maz*) sa formative *as*, et que le thème est *raotchas*[1]. Quelque opinion

---

[1] C'est ainsi que je crois pouvoir concilier quelques-unes des contradictions qui naissent des formes diverses du mot qui, en zend, signifie *lumière*, et que je tranche une question que j'ai laissée indécise dans l'article que j'ai consacré, il y a quelque temps, à la Grammaire comparative de M. Bopp (Voy. *Journ. des Savants*, juillet 1833, pag. 431). L'existence des formes ⟨zend⟩ *raotchèbis* à l'instrumental, et ⟨zend⟩ *raotchêbyô* au datif, m'avait fait croire à celle du thème *raotch*, répondant au sanscrit *rutch*, opinion qui était aussi celle de M. Bopp, comme on peut le voir par divers passages de l'ouvrage précité (Voy. *Vergleich. Gramm.*, p. 28, 259, note, et p. 263). Mais la comparaison que j'ai faite de *raotchèbis* avec *mazèbis* m'a conduit à la conclusion que je viens d'indiquer dans le texte, et je crois pouvoir avancer maintenant qu'il n'y a pas, à proprement parler, de thème en *raotch*, et que ce monosyllabe n'est que *raotchô* pour *raotchas*

qu'on ait du rapport que je crois remarquer entre la déclinaison de *raotch-as* et celle de *maz-as*, il n'en

apocopé. Cette conclusion est confirmée, et je pourrais dire démontrée par le fait que les mots ⟨zend⟩ *manô* et ⟨zend⟩ *vatchô* pour le sanscrit *manas* et *vatchas*, forment leur datif exactement de la même manière que *raotchèbîs*. C'est ainsi que l'on trouve ⟨zend⟩ *manèbîs*, que le Vendidad-sadé écrit, je crois à tort, *manbîs* (*Vendidad-sadé,* p. 63; ms. Anq., n° 2 F, p. 120), et ⟨zend⟩ *vatchèbîs* dans deux passages du Vendidad-sadé (Ibid., p. 63 et 308; ms. Anq., n° 2 F, p. 120). Or, si ces formes appartiennent bien, ce qui est incontestable, à *manô* et à *vatchô*, comme *mazèbîs* appartient à *mazô*, il me semble permis d'en conclure, par analogie, que *raotchèbîs* appartient à *raotchô*, ainsi que *raotchèbyô*. Je n'ignore pas que tous les faits sur lesquels je m'appuie pourront ne pas paraître également prouvés à tous les lecteurs, et qu'ainsi, en suivant les indications de la Grammaire comparative de M. Bopp, on contestera l'existence de *vatchèbîs*, par la raison que M. Bopp a placé dans son paradigme de l'instrumental pluriel *vatchôbîs* (*Vergl. Gramm.*, p. 282). Mais il ne me paraît pas impossible de répondre à l'argument qu'on serait tenté de tirer de l'opinion de M. Bopp. En premier lieu je remarquerai que ce savant auteur lui-même doit admettre l'existence de *vatchèbîs*, puisqu'il le cite dans un passage de sa Grammaire (*Vergl. Gramm.*, p. 260 à la note). Seulement, comme il paraît ne l'avoir trouvé que dans un texte, il n'a pas cru devoir lui donner place dans son paradigme, et il lui substitue *vatchôbîs*. Or, ce dernier n'existe pas à ma connaissance dans le Vendidad-sadé, et c'est un mot formé théoriquement d'après une des nombreuses analogies du zend avec le sanscrit. Je ne répéterai pas ici ce que j'ai dit ailleurs sur ce système, dont M. Bopp fait l'application dans un assez grand nombre de cas. J'ajouterai seulement que ces formations théoriques perdent toute l'autorité qu'elles doivent à la science de leur inventeur, quand il existe dans les textes une forme véritable à laquelle on les a substituées. Or, c'est ici le cas, et *vatchèbîs* se lit deux fois dans le Vendidad-sadé, et plusieurs fois dans les

est pas moins constaté que le suffixe *as*, qui disparaît déjà de la déclinaison de cet adjectif, et qui ne persiste

Ieschts et dans les Neaeschs avec le sens d'un instrumental pluriel de *vatchô*. C'est donc la forme véritable de ce cas, forme qui est appuyée par celles de *manèbis* et de *mazèbis;* et nous pouvons avancer que les mots terminés par le suffixe *as* font leur instrumental et leur datif pluriel en *èbis*, et non en *ôbis*. Il faut donc substituer *vatchèbis* à *vatchôbis* du paradigme de M. Bopp, et si je croyais qu'il fût permis de composer, pour une langue comme le zend, les cas des mots qu'on ne trouve pas encore dans les textes, je remplacerais de même le *vatchôbya* (instrumental, datif et ablatif duels) par *vatchèbya*, que je crois avoir rencontré dans les Neaeschs. M. Bopp a admis *vatchôbya* au duel d'après l'analogie du sanscrit *vatchôbhyâm*, et *vatchôbis* en s'appuyant sur le changement de *vatchas* sanscrit en *vatchô* zend. Mais aucun de ces deux mots ne se trouve dans le Vendidad-sadé, et au contraire les exemples précités nous apprennent que plusieurs noms en *as* (zend *ô*), comme *mazas* (*mazô*), *manas* (*manô*), *vatchas* (*vatchô*), auxquels j'ajoute *raotchas* (*raotchô*), ne gardent pas *ô* devant les désinences *bis*, *byô*, et sans doute aussi *bya*.

Si maintenant nous revenons à *raotchèbis*, mot qui est l'objet principal de cette note et que nous admettions qu'il doit se rapporter au thème *raotchô* et non à *raotch*, nous ne devrons plus être embarrassés d'expliquer la voyelle *ao*, sur laquelle reposait la théorie de M. Bopp, relative à l'identité de *o* zend avec le sanscrit *u*. Dans ce mot, *ao* est un véritable *guna* de *u* du radical *rutch*, *guna* expliqué par le suffixe *as*, tandis qu'il est bien difficile à comprendre si l'on ne reconnaît comme thème de ce mot que le monosyllabe *raotch*. Pour terminer ce qu'il serait nécessaire de dire sur ce mot, il faudrait rechercher la nature de la voyelle *è* qui est intercalée entre *raotch* et la désinence *bis*, comme elle l'est dans *mazèbis*, *manèbis* et *vatchèbis*. Il faudrait examiner si c'est une simple voyelle de liaison, qui s'interpose entre *bis* et le thème *raotchas* perdant son suffixe, ou bien si ce n'est que la contraction d'un *a*, reste du suffixe *as*, avec un *i* épenthétique attiré par la désinence *bis*. Il faudrait aussi essayer de rattacher les nominatifs et accusatifs pluriels *raotchâo* et *vatchâo* au thème *raotchô* et *vatchô*. Ici encore nous aurions le regret de nous trouver en dés-

pas davantage quand le mot *maz-as* entre en composition, par exemple avec *dào* (*mazdào*), que le suffixe
as, dis-je, ne peut pas non plus rester dans le superlatif. De là vient qu'on a régulièrement *mazista*,
comme on aurait en sanscrit *mahichṭha*, et comme on a
certainement au comparatif la forme ancienne मह्रीयस्
mahîyas, qui est en zend ⳥ *mazyô* et *maçyô*.

Le suffixe disparaît encore dans le superlatif
⳥ *khraojdista* (très - cruel), mot difficile, que j'ai essayé d'expliquer dans le premier chapitre de mon Commentaire, en le considérant comme
formé de deux radicaux, *khraoj* (pour *khraodh*) et
da, en vertu du même principe que les mots *mîj-da*
(récompense), *paz-da* (frapper du pied), *yaoj-da*
(purifier)[1]. Je sais qu'on peut objecter contre cette
explication, qu'il est tout à fait insolite de voir deux
radicaux verbaux se réunir pour former un composé,

accord avec M. Bopp, qui dérive ces formes d'un thème monosyllabique, et qui énonce l'opinion que l'on rencontre souvent *vâtchâo*
(avec un *â* long), tandis que cette orthographe n'est pas donnée,
à ma connaissance, une seule fois dans le Vendidad-sadé, et qu'on
y lit toujours, et j'ose le dire régulièrement, *vatchâo* (Voy. *Vergl.
Gramm.*, p. 263). Or, cette différence d'orthographe n'est pas
sans importance, puisque si *vatchâo* s'écrivait avec un *â* long, il
faudrait, comme le pense M. Bopp, rattacher ce nominatif au
thème monosyllabique *vâk*, tandis qu'en l'écrivant avec un *a*
bref il est nécessaire de le tirer de *vatchas*. Mais nous devons
nous abstenir, pour le moment, de cette recherche qui ne rentre
pas dans l'objet spécial de cet article ; nous essayerons ailleurs de
résoudre les difficultés auxquelles donne lieu le mot que nous
venons de citer.

[1] *Comment. sur le Yaçna*, p. 133.

parce que c'est un principe établi en sanscrit et en zend que le fait de la composition n'a lieu qu'entre des mots qui ont pris place dans une catégorie grammaticale quelconque. Mais quand je propose de reconnaître dans *khraojda*, par exemple, deux mots distincts, *khraoj* et *da*, je ne prétends pas que *khraoj*, que je ramène à *khraodh*, soit un radical pur; le *guna* ao suffirait seul pour m'avertir que nous n'avons pas ici un radical proprement dit, comme *krudh* (sanscrit), mais que *khraodh* en est une modification qui l'a fait vraisemblablement entrer dans la classe des substantifs. C'est pour cela que j'ai comparé le zend *khraodh* (devenant *khraoj*) au sanscrit *krudh*, qui n'est autre que le radical même employé substantivement. Mais j'ai avoué ne pas comprendre la cause du *guna*, à moins de l'attribuer à l'action que peut exercer le radical *da*, qui vient se joindre comme une espèce de suffixe au mot *khrudh*. Cette conjecture, que j'ai avancée dans un autre passage de mon travail, sans lui donner aucun développement [1], ne me satisfait plus aujourd'hui que j'ai acquis la conviction que quelques noms zends, substantifs et adjectifs, perdent quelquefois leur suffixe propre. Si *mazó* devient en composition *maz*, si *raotch* n'est que l'apocope de *raotchô*, et non le thème absolu *rutch*, comme le pense M. Bopp [2], et comme je l'ai cru longtemps aussi, ne peut-on pas dire de même que *khraodh* zend n'est autre chose que le substantif sanscrit *krôdha* (co-

---

[1] *Comment. sur le Yaçna*, observ. sur l'alph., p. 88, à la note.
[2] *Vergl. Gramm.*, p. 28.

lère), dont l'*a* a été supprimé en composition, mais
dont le *guna* est resté pour témoigner que ce monosyllabe n'est pas un radical pur?

A cette observation, qui me paraît rendre compte
du *guna*, j'en ajoute une autre sur la forme primitive
de la seconde partie de cet adjectif *da*, venant du
radical *dâ*. Un mot qui ne se trouve qu'une fois dans
le Vendidad-sadé, en ce que le passage où il se rencontre, quoique répété trois fois, l'est toujours dans
les mêmes termes, et conséquemment n'ajoute rien
au sens du mot en question, me permet d'avancer
que la forme absolue de *khraojda* est ܒܘ (en zend)

khraojdaṭ, qui est en composition avec ܐ *urva*
(au nominatif), de cette manière, *khraojdaṭ urva*
« celui qui a l'âme cruelle [1]. » Or, en comparant
khraojdaṭ avec un autre terme beaucoup plus commun, *frâdaṭ*, qui ne peut être composé que de *frâ*
(pour *fra*) et de *daṭ*, nous trouverons de part et
d'autre *daṭ*, qui est ou la forme apocopée du participe
présent *dadaṭ* (sans redoublement *daṭ*), ou bien le
radical *dâ*, réduit à *da* (comme on le voit en sanscrit à la fin d'un composé), puis prenant un *ṭ*
final, de même qu'en sanscrit on forme गत् *gaṭ* de गम्
gam, et कृत् *kṛiṭ* de कृ *kṛi*. Quelle que soit la valeur

---

[1] Voyez *Vendidad-sadé*, p. 178, 179, 266. Ce mot se trouve
encore une autre fois dans le *Yaçna* (*Vendidad-sadé*, p. 362; ms.
Anq., n° 2 F, p. 313). Mais tous les manuscrits lisent *khraodaṭ*, et
le n° 3 S seul écrit *khraojdaṭ*, ce qui est vraisemblablement
la véritable leçon. *Khraojdaṭ*, si c'est ainsi qu'il faut l'écrire, est
encore ici en composition.

de ces explications de *daṭ*, sur lesquelles nous revien-
drons ailleurs, on peut toujours admettre que *khraojdaṭ* est la forme absolue de l'adjectif dont le superlatif
est *khraojdista*. Or, la formation de ce superlatif consiste à faire disparaître devant le suffixe du superlatif
les deux lettres finales de *daṭ*, et à réduire *daṭ* à *d*.
Nous retrouvons ici l'application du principe dont
nous avons parlé à l'occasion de *mazas* (*maz-ista*),
savoir : que les suffixes qui forment les adjectifs sont
supprimés, quand ces adjectifs prennent les suffixes
ichṭha (*ista*), et *îyas* (*yas*).

C'est par le même principe que nous rendrons
compte du superlatif zend ولدووودددملمه *vaêdista*,
dont le positif est *vîdhvas* (savant), ou plutôt *vî-
dhvangh*, et dans les cas faibles *vîduch*. Mais ici le
zend s'éloigne du sanscrit en un point et s'en rapproche
dans l'autre, d'une manière qui doit être remarquée.
En sanscrit les adjectifs formés avec le suffixe *vas*
changent la sifflante de ce suffixe en *t*, et prennent
tara et *tama* au lieu de *îyas* et *ichṭha*, de sorte que de
विद्वस् *vidvas* (savant), on a विद्त्तर *vidvattara*, et
विद्त्तम *vidvattama*. Or le zend *vaêdista*, si toutefois nous l'analysons bien, prouve que, dans l'ancienne
langue des Parses, le suffixe *vas* a disparu quelquefois
comme les autres devant la formative *ista* du superlatif. Dire qu'il en soit ainsi dans tous les cas, c'est ce
que je ne prétends pas avancer; le nombre des mots
de ce genre que j'ai pu examiner jusqu'ici est trop peu
considérable pour que je puisse donner une conclu-

sion positive à ce sujet. Ce que j'ose dire seulement,
c'est qu'en supposant que les suffixes *tara* et *tama*,
ou avec une altération très-légère *tĕma*, doivent quelquefois se joindre en zend aux mots terminés par le
suffixe *vas*, la sifflante finale de ce suffixe ne s'assimi-
lera pas au *t* de *tara* et de *tĕma*, parce que cette
assimilation est contraire au génie de la langue zende,
et qu'ainsi le suffixe *vas* devra rester entier, les lettres
s et *t* se recherchant d'ordinaire mutuellement.

Cela est si vrai, que l'on trouve dans le Yaçna le
superlatif de l'adjectif ﺭﺍﻭﻭﺱ *raêvat* formé avec
le suffixe *tĕma*, de la manière suivante : ﺭﺍﻭﻭﺱﺗﻤﺎ
raêvaçtĕma [1]. Or, comme nous savons avec certitude
que le thème de cet adjectif est *raêvat* (resplendis-
sant) de *ri* (splendeur) avec *guna*, et du suffixe *vat*,
pour que ce thème devienne *raêvaç* devant *tĕma*,
il faut admettre un changement exactement contraire
à celui qui a lieu en sanscrit dans *vidvas*, qui devient
vidvattama. Loin de subsister devant le *t* de *tĕma*, la
dentale finale du suffixe de *raêvat* se change en sifflante, parce qu'en zend deux *t* ne peuvent pas se rencontrer sans que l'un d'eux ne devienne une sifflante,
lettre dont la qualité, si je puis m'exprimer ainsi,
est ensuite déterminée par la nature de la voyelle qui
la précède. C'est ainsi que dans *raêvaçtĕma*, la sifflante
ﺱ *ç* a été choisie, parce qu'elle est précédée de la
voyelle *a*.

[1] *Vendidad-sadé*, p. 51.

Pour revenir maintenant au superlatif *vaêdista* de *vîdhvas*, il nous faudra expliquer le changement de la voyelle *i* du radical en *aê*, c'est-à-dire en un *ê guna* tel que le représente le système orthographique du zend. Ce changement me paraît être identique à celui que l'on remarque dans plusieurs des superlatifs en *ichtha* du sanscrit, comme क्षिप्र *kchipra*, qui fait क्षेपिष्ठ *kchêpichtha* et tant d'autres. Supposons en effet que le sanscrit *vidvas* fît son superlatif en *ichtha*, il y a tout lieu de supposer qu'il rentrerait dans la règle 156 (l. vi, c. 4) de Pânini, règle qui comprend les adjectifs qui modifient par un *guna* la première voyelle du radical ; de sorte que de *vidvas* on aurait *vêdichtha*. Ce qui n'est qu'une supposition pour le sanscrit (à moins toutefois que ce superlatif ne se retrouve quelque jour dans les Vêdas) me paraît fournir pour le zend *vaêdista* l'explication la plus satisfaisante. Je remarque encore que le *guna* même de la voyelle du radical justifie, jusqu'à un certain point, notre opinion sur la forme première de l'adjectif d'où part le superlatif *vaêd-ista*, forme que nous croyons être *vîdhvas*, puisque ce sont toujours les adjectifs qui perdent un suffixe, de quelque nature qu'il soit, qui augmentent au moyen du *guna* leur voyelle radicale.

C'est par une modification de ce genre que j'ai essayé d'expliquer, dans le travail auquel j'ai renvoyé au commencement de ces Observations, le superlatif ﺳﺭﺍﺋﺷﺗﺎ *çraêsta* (excellent), qui n'est autre chose

que le sanscrit श्रेष्ठ *çrêchṭha*. Il faut convenir que
l'on ne rend pas compte de ce mot, quand on se con-
tente de le dériver de *çra*, substitut de प्रशस्य *pra-
çasya* (bon). Le zend, au contraire, a une famille
assez nombreuse de mots, dans laquelle me paraît
rentrer *çraêsta*. C'est d'abord *çrî*, qui est commun au
zend et au sanscrit, puis l'adjectif *çrîra* (fortuné), et
un dérivé de *çrî*, au moyen du suffixe *as* et du *guna*
de la voyelle radicale de *çrî*, savoir, *çrayô* pour
çrayas. Or, comme *çraê*, élément de *çray-as*, peut
passer pour un *guna* de *çrî*, j'avais été conduit à regarder *çraêsta* comme formé de ce *çraê*, plus du
suffixe *ista* dont l'*i* serait tombé devant les voyelles *aê*.
J'étais confirmé en quelque sorte dans cette conjecture par la considération du mot प्रिय *priya*, qui
fait au superlatif प्रेष्ठ *prêchṭha*, et de स्थिर *sthira*,
qui devient स्थेष्ठ *sthêchṭha*. De part et d'autre je
trouvais comme base de ces superlatifs *çrî* (de *çrîra*),
pri (de *priya*), *sthi* (de *sthira*), qui, au moyen
d'un *guna*, devenaient *çrêchṭha*, *prêchṭha*, *sthêchṭha*.

Mais, tout en persistant dans l'explication fonda-
mentale que j'ai donnée du zend *çraêsta* (explication qui repose sur le rapprochement qu'on n'avait
pas encore fait des mots *çrî*, *çrîra*, *çrayô*), j'abandonne maintenant ma seconde hypothèse et je pense
qu'il faut revenir à l'opinion des grammairiens indiens,
qui regardent *çra*, *pra* et *stha*, comme la base de
ces superlatifs, et pour lesquels *ê* est le résultat de la

combinaison de *a* plus *i* (*çra-ichtha*) et non un *guna*.
Je remarque en effet que, dans aucun des superlatifs
en *ichtha*, la voyelle *i* ne disparaît, tandis qu'au contraire cette voyelle fait le plus souvent disparaître celle
du mot auquel se joint le suffixe. Or, si l'*i* de *ichtha*
ne doit pas être supprimé, les monosyllabes *çrê*, *prê*,
sthê, modifications de *çri*, *pri*, *sthi*, devraient se
résoudre en *ay* devant *ichtha*, exactement de la
même manière que de युवन् *yuvan* (jeune), on a
yavichtha, qui n'est que यो-इष्ट . Il me semble que
puisque la voyelle *i* du suffixe force un *ô guna* de se
résoudre en *av*, elle devrait exercer la même action
sur un *ê guna*, et qu'on devrait avoir *çrayichtha* de
çrê-ichtha. Si telle n'est pas la forme des superlatifs
çrêchtha, *prêchtha* et *sthêchtha*, ils ne peuvent
être composés autrement que comme le supposent les
grammairiens indiens. Et quant au monosyllabe *çra*,
qui devient la base de *çrêchtha* en sanscrit, et de
çraêsta en zend, il faudra le considérer comme la
forme apocopée d'un adjectif tel que le zend *çrîra*,
par exemple, de la même manière que *pra* vient de
priya et *stha* de *sthira*. J'ajouterai encore un exemple qui prouve combien est étendu en zend l'emploi
du suffixe *ista* pour le superlatif, et qui en même
temps nous présente l'application de la règle générale
que non-seulement le suffixe de l'adjectif, mais encore
celui du substantif duquel dérive l'adjectif, disparaissent
devant *ista*. C'est le mot *aodjista*, que l'on trouve au
commencement du LIXe chapitre du Yaçna, sous

cette forme, <zend> *yûnãm aodjistèm*
« le plus vigoureux des jeunes gens [1]. » Or, si l'on
retranche de *aodjista* la formative *ista*, il restera *aodj*,
qui n'est que le radical sanscrit ओज् *ôdj* (dont la
forme primitive est peut-être *udj*). Le monosyllabe
aodj, qui se présente ici privé de tout suffixe, forme
avec le suffixe *as, aodjas,* en zend <zend> *aodjô ;* puis
avec le suffixe *vat* il donne naissance à un adjectif qui
n'existe pas en sanscrit, mais qui se trouve en zend,
<zend> *aodjanghvat* « qui possède de la vi-
« gueur. » Il est d'autant moins permis de douter que
aodjista soit le superlatif de *aodjanghvat*, que ce dernier mot se trouve au commencement du LVIII⁰ chapitre du Yaçna, opposé au superlatif que nous avons
cité tout à l'heure [2].

Jusqu'ici nous n'avons remarqué, entre les superlatifs en *ichtha* du sanscrit et ceux du zend,
qu'une seule différence, c'est celle dont nous avons
parlé à l'occasion de *vaêdista*. Nous en trouvons une
autre, d'une nature plus remarquable, dans le mot
<zend> *khrathwista* (très-intelligent), où la

---

[1] Voy. Ms. Anq., n⁰ 2 F, p. 393.

[2] Voy. *Vendidad-sadé*, p. 516. Ce manuscrit écrit mal ce mot
que le n⁰ 2 F, p. 392 et le n⁰ 6 S, p. 204 lisent *aodjanghavantem*.
Le n⁰ 3 S, p. 242, a seul *aodjanghvantem*, ce qui me paraît la
véritable orthographe. Comparez encore avec *aodjônghvat* du
Vendidad-sadé (p. 494), le *aodjanghvat* du n⁰ 1 F, p. 844 et du
n⁰ 2 S, p. 471 ; le n⁰ 5 S, divise, je crois à tort, en deux mots
aodjô anghvat.

suppression du suffixe *ista* laisse voir le mot *khrathw* pour *khratu*, qui est la forme absolue d'un substantif que nous savons exister en zend avec la signification d'*intelligence*. Il y a tout lieu de supposer, si *khratu* n'est pas par lui-même un adjectif (et il me paraît douteux qu'il en soit un), que pour se joindre au suffixe du superlatif *ista* il a perdu une formative qui le rendait adjectif; mais il n'a pas perdu sa dernière voyelle, comme cela est d'obligation d'après la règle générale en sanscrit. Dans cette dernière langue, si le mot *khratu* y existait avec le sens d'*intelligence*, il pourrait certainement former un adjectif avec le suffixe *mat*, *khratumat* (ou plutôt *kratumat*). Mais certainement aussi l'addition de la caractéristique du superlatif *ichtha* ferait tomber non-seulement le suffixe *mat*, mais encore la voyelle finale du thème *kratu*. Il suit de là qu'on aurait *kratichtha* et non *kratvichtha*, forme que reproduit, sauf la seule différence de son orthographe, le zend *khrathwista*. Nous sommes donc en état de conclure de tout ce qui précède, que le principe de la suppression des suffixes des adjectifs devant la formative *ichtha* et *ista*, principe qui, pour le dire en passant, est d'une application aussi générale en grec (cf. ἐχθ-ρός, ἔχθ-ιστος, μέγ-ας, μέγ-ιστος), régit les superlatifs en zend comme en sanscrit, avec cette exception, au moins pour *khrathwista*, que la voyelle finale du primitif, qui reste après la suppression du suffixe, ne disparaît pas toujours devant *ista*.

Il est encore en zend quelques autres superlatifs qui fourniraient des applications plus ou moins complètes

des observations précédentes, comme ‏مسری‎ *râ-
mista* (très-agréable) de *râman;* ‏دراجست‎ *drâ-
djista* (très-long), qui vient du positif ‏دارغو‎ *darĕgu*
ou *dĕrĕgu* (long), adjectif qui est terminé par la même
voyelle que *laghu* et *guru*, qui, comme ces adjectifs,
perd cette voyelle, et qui ne diffère du sanscrit *drâghich-
ṭha* que par l'emploi du *dj* au lieu du *gh* [1]. Mais j'aime
mieux borner ces Observations à l'objet que je me suis
proposé en commençant, savoir, de confirmer et d'é-
tendre quelques assertions de mon Commentaire et
d'en rectifier une. Je n'ajouterai plus qu'une remarque
sur l'étymologie que suggère la comparaison du superlatif गरिष्ठ *garichṭha* et de l'orthographe pâlie du
mot गुरु *guru* (grave, pesant).

Si le thème de cet adjectif était *garu,* le superlatif et
le comparatif *garichṭha* et *garîyas* seraient tout à fait
réguliers, et *garichṭha* viendrait de *garu,* comme
laghichṭha de *laghu;* mais tirer *garichṭha* de *guru,*
c'est là une formation irrégulière, en ce que le changement de la première voyelle du radical est à peu près
impossible à expliquer. Or, cette forme *garu,* dont on a

---

[1] J'examinerai plus tard deux autres mots *tantchista* (très-fort)
et *dâhista* (très-savant), dans lesquels la nasale ne parait pas appartenir au radical. Je soupçonne en effet que le premier de ces
deux superlatifs doit se rattacher au radical *tatch* ou *tak* (dont
nous avons un dérivé dans *takhma* (fort), et que le second vient
de *dâh* pour le sanscrit *dâs,* qui, outre le sens de *donner,* a peut-
être en zend, comme *dâ,* le sens de *savoir.* Cependant je n'ai pas
encore trouvé un assez grand nombre d'exemples de cette insertion
de la nasale pour affirmer rien de positif à cet égard.

besoin, existe dans le pâli ဂရု *garu* (grave), que je n'ai trouvé jusqu'ici que dans le composé ဂရုကတော *garûkatô*, qui répondrait au sanscrit *gurûkritah*, et qui me paraît devoir signifier « traité avec respect, comme « un personnage respectable. » Ici nous trouvons un mot qui est placé dans les conditions nécessaires pour former son superlatif en *garichṭha*, qui serait en pâli *gariṭṭha*. Mais d'où vient que la première voyelle de *guru* a été remplacée par *a?* Je serais tenté de soupçonner qu'il n'y a pas eu remplacement de la voyelle *u* par *a*, mais au contraire substitution de l'*u* à l'*a* primitif. Si l'on admet l'explication que j'ai proposée de *giri* (montagne) en sanscrit, mot qui m'a paru n'être qu'un reste du zend *gairi*, dont le véritable primitif est *gar-i*, on ne fera peut-être pas difficulté de reconnaître que *guru* présuppose un thème *garu*, dans lequel la voyelle *u* a été substituée à l'*a* par suite de l'action qu'exerce l'*u* précédé de *r* sur la voyelle qui précède elle-même cette liquide.

J'ajoute ici les passages où je trouve le mot *garu*, pour qu'il ne reste aucun doute sur l'existence de ce terme, et sur la signification que je crois devoir lui attribuer.

ဘဝံ ဟိ သောစုဒလက်ဒေါ ရည္ဇာ မာဂဿ သောဒိယဿ ဗိမ္မသာရဿ သက္ကတော ဂရုကတော မာနိတော ပူဇိတော အပစိတော ॥ [1]

[1] *Digh. nik.*, fol. *khô* v°

သမေဟာ ခလု ဘော ဂေါတမော စတုဝဏ္ဏံ
ပရိသာနံ သက္ကတော ဂရုကတော မာနိတော
ပူဇိတော အပစိတော ။[1]

သမေဟာ ခလု ဘော ဂေါတမော ရညော
မာဂဓဿ သေနိယဿ ဗိမ္ဗိသာရဿ သက္ကတော
ဂရုကတော မာနိတော ပူဇိတော အပစိတော ။
သမေဟာ ခလု ဘော ဂေါတမော ရညော
ပသေနဒိကောသလဿ သက္ကတော ဂရုကတော
မာနိတော ပူဇိတော အပစိတော ။

သမေဟာ ခလု ဘော ဂေါတမော ဗြာဟ္မဏဿ
ပေါက္ခရသာဒိဿ သက္ကတော ဂရုကတော
မာနိတော ပူဇိတော အပစိတော သမေဟာ
ခလု ဘော ဂေါတမော စမ္ဗံ အစ္စုပ္ဂတ္တော စမ္ဗိယံ
ဝိဟရတိ ဂဏ္ဌာယ ပေါက္ခရဏိယာ တီရေ ယေ
ခေါပန ကောစိ သမဏံ ဝါ ဗြဟ္မဏံ ဝါ
အမ္ဗာကံ ဂါမက္ခေတ္တံ အာဂစ္ဆန္တိ အတိထိပ
ခေါပနမွေဟိ သက္ကာတဗ္ဗာ ဂရုကာတဗ္ဗာ

[1] *Digh. nik.*, fol. *kháu* r°.

မာနေတဗ္ဗာ ပူဇေတဗ္ဗာ အပစေတဗ္ဗာယမ္ဗိ ဘော
သမဏော ဂေါတမော စမ္ဗိ အစ္စုပ္ပတ္တော စမ္ဗိယံ
ဝိဟာရတိ ဂဂ္ဂရာယ ပေါက္ခရဏိယာ တီရေ
အတိထမ္ဗ္ဘကံ သမဏော ဂေါတမော အတိထ
ဒေါပစုမ္ဗွဟိ သက္ကာတဗ္ဗော ဂရုကာတဗ္ဗော
မာနေတဗ္ဗော ပူဇေတဗ္ဗော အပစေတဗ္ဗေါ ။ [1]

« Dominus *Sônadanda* a rege magadhæo *Sêniya*
« *Bimbisâra* hospitio exceptus, reverenter habitus,
« honoratus, cultus, salutatus.

« Shramana certe venerandus Gâutama a quatuor
« conciliis [2] hospitio exceptus, reverenter habitus, etc.

« Shramana certe venerandus Gâutama a rege ma-
« gadhæo *Sêniya Bimbisâra* hospitio exceptus, reve-
« renter habitus, etc. Shramana certe venerandus
« Gâutama a rege *Pasênadikôsala* hospitio excep-
« tus, etc. Shramana certe venerandus Gâutama a
« Brâhmana *Pôkkarasâdi* hospitio exceptus, etc.
« Shramana certe venerandus Gâutama Tchampam
« (urbem) postquam advenit, in Tchampa commo-
« ratur Gaggara (Gargara) lacus prope ripam. Quicun-
« que inter Shramanas vel Brâhmanas nostri pagi so-

---

[1] *Digh. nik.*, fol. *khâu*, r° fin.

[2] Je ne sais ce qu'il faut entendre par ces quatre assemblées, à
moins que ce ne soit la réunion des quatre ordres cités dans les
livres bouddhiques, les Shramanas, les Brahmanes, les Kchatriyas et
les Vaishyas.

(33)

« Ium adveniunt, hospites nempe a nobis hospitio
« excipiendi, reverenter habendi, colendi, salutan-
« di [1]. Ille etiam venerandus Shramana Gâutama
« Tchampam postquam advenit, in Tchampa commo-
« ratur Gaggara lacus prope ripam. Hospes noster
« Shramana Gâutama ; hospes nempe a nobis hospitio
« excipiendus, reverenter habendus, etc. »

Ces divers passages sont empruntés au *Sônadaṇḍa
Sutta*, qui fait partie du *Dîghanikâya*. Le sens
connu des mots au milieu desquels est employé *gu-
rûkatô* ne permet pas de douter de sa véritable signification. Je ne répète pas dans la traduction les mots
honoratus, etc., qui sont reproduits régulièrement
dans chacun des passages du texte. C'est le caractère
propre de l'exposition des Bouddhistes, que ces per-
pétuelles répétitions des mêmes termes. Le roi du Magadha, cité dans le Soûtra, est *Bimbisâra* ou *Bimba-
sâra*, qui était contemporain et presque du même âge
que Shâkyamouni [2]. Le nom de *Séniya* est vraisemblablement le même que celui de श्रेणिक *çrênika*,
attribué par Wilson à un roi du Magadha, contemporain et protecteur de Shâkyamouni ; il doit signifier
« de la race de Shrêni. »

---

[1] Je soupçonne qu'il faut lire dans cette phrase *kétchi* au lieu
de *kôtchi* (sing.) que j'ai transcrit d'après le manuscrit. Le mot
samanâm doit être remplacé, selon toute apparence, par *samanâ-
nam*. Au lieu de *atithipi*, j'aimerais mieux le pluriel *atithayôpi*.

[2] On trouvera quelques détails sur le fait que j'avance ici dans
le *Journal des Savants*, janvier 1834.

IMPRIMERIE ROYALE.— 1834.

NOUVEAU

JOURNAL ASIATIQUE.

*Lettre à M. le Rédacteur du Journal asiatique,
sur l'Alphabet tamoul.*

MONSIEUR,

Parmi les nombreux idiomes du sud de l'Inde, il en est peu qui méritent autant d'être examinés avec soin que le *tamoul*, nom sous lequel est connue en Europe la langue qui se parle dans une grande partie de la presqu'île, notamment dans les provinces du Djaghir ou territoire de Madras, d'Arcot, Salem, Coimbétore, Combaconam, Tanjaour, Tritchinapaly, Maduré, Dindigal, Tinnevély, ainsi que dans le sud du Maïssour (1). Sans rechercher ici jusqu'à quel point

______

(1) *Adventures of Gooroo Paramartam,* by B. Babington, Lond. 1822, *pref.* p.1. Nous n'avons pas besoin d'avertir que nous ne considérons ici le tamoul que sous le point de vue scientifique, et non sous le rapport de l'utilité que quelques personnes en France pourraient retirer de l'étude de cette langue. On ne sait peut-être pas assez qu'elle se parle sur toute la côte de Coromandel, c'est-à-dire, dans la seule partie de l'Inde vers laquelle le commerce de Bordeaux et de Nantes dirige des expéditions que notre paix avec l'Au-

elle se rapproche ou s'éloigne des dialectes qui l'avoisinent, comme le *malayâlam*, le *cannâdi* ou *carnâtaka*, le *toulouva*, le *télinga*, &c., je me contenterai aujourd'hui d'analyser son alphabet en le comparant à celui de la langue sanscrite. Ce sera le premier des articles que je consacrerai à l'examen du système grammatical de cette langue, examen auquel je soumettrai les dialectes principaux de l'Inde méridionale. Les faits nombreux que j'ai rassemblés, et que je ferai connaître ainsi successivement, mettront les philologues en état de se former une opinion sur la question suivante : **Y a-t-il**, dans le sud de l'Inde, un ou plusieurs idiomes qui ne soient pas dérivés du sanscrit, lequel est, depuis si longtemps, dans cette contrée, la langue de la religion et de la science? C'est là l'expression la plus générale d'un problème d'un haut intérêt historique; la suite de ces articles, en montrant combien de questions s'y rattachent, en fera, je l'espère, sentir toute l'importance.

La langue tamoule est peut-être la première à l'occasion de laquelle on se soit demandé jusqu'à quel point les idiomes populaires de l'Inde méridionale avaient du rapport avec le sanscrit. Préoccupés par l'objet

gleterre a rendues aussi fréquentes que lucratives. **Nous possédons** encore sur cette côte plusieurs comptoirs qui seraient toujours intéressans, quand ils ne serviraient que d'occasion et de but à quelques entreprises commerciales. En un mot, le tamoul est, pour le sud de la presqu'île, ce qu'est l'hindoustani pour le nord et le Décan, exclusivement soumis à la domination anglaise : c'est le seul des dialectes vulgaires dont la connaissance puisse être utilement encouragée en France.

habituel de leurs études, Carey, et après lui Wilkins,
ne balancèrent pas à la déclarer, ainsi que les autres
dialectes vulgaires, dérivée de la langue savante des
brahmanes (1). M. Colebrooke paraît également dis-
posé à adopter cette opinion. Dans son précieux mémoire sur le sanscrit et sur les dialectes *prâkrits,*
il nous apprend qu'on les divise en deux grandes
classes, dont la première s'appelle les cinq *gours,* la
seconde les cinq *drâvirs* (2). Les idiomes de la première classe, qui sont en grande partie dérivés du sanscrit, occupent le nord et l'est de l'Inde. Les seconds
tirent leur nom de la province de *Drâvida,* ou, suivant la prononciation ordinaire *Drâvira* (3), dénomination générale de la presqu'île indienne à partir du
12.ᵉ ou du 13.ᵉ degré de latitude nord. Le premier
des dialectes du *Drâvir* est le tamoul, que les Européens appellent quelquefois, mais à tort, *malabar,* du
nom qu'ils donnent à l'extrémité de la côte occidentale
de la presqu'île (4). Nous examinerons plus tard la
valeur de cette dénomination. Suivant M. Colebrooke,

---

(1) Carey, *Sungskrit Gramm. pref.* p. iv, et Wilkins, *Sanskrita
Gramm. pref.* p. xj.

(2) *Asiat. Research.* t. VII, p. 226, éd. Lond. in-4.º

(3) La différence de prononciation vient du *d* cérébral sanscrit,
qui est autant un *r* qu'un *d*; ainsi on dit également *khadga* et *khar-
ga,* poignard. Cette lettre a un tel rapport avec les liquides, qu'en
pali elle se change en *l* cérébral.

(4) Un Brahmane instruit du *Drâvir* m'a assuré, dit M. Colebrooke, que le dialecte du Malabar, quoique confondu par les Européens avec le tamoul, en est cependant différent. Colebrooke,
Asiat. Research. t. VII, p. 226, éd. Lond. in-4.º

17.

les Hindous appellent le tamoul, *tâmla* ou *tamala*, ce qui paraît venir de *tâmra* ou *Tâmraparṇî* (cuivre, et feuille de cuivre), rivière qui coule dans le sud du Maduré, une des divisions du *Drâvir* (1). Ce dialecte s'écrit avec un caractère dérivé du dévanagari, mais extrêmement corrompu, et qui cependant est employé par les brahmanes du *Drâvir* pour la transcription du sanscrit. « Enfin, termine M. Colebrooke, » après avoir examiné avec soin une grammaire et un » dictionnaire du dialecte *tâmla*, publiés, l'une par » M. Drummond à Bombay (2), l'autre, à Madras, par » les missionnaires, je crois pouvoir avancer que cette » langue renferme, outre un certain nombre de mots » sanscrits dont les uns ne sont que peu ou point

---

(1) *Tâmraparni* est le nom sanscrit d'une rivière célèbre du Maduré, appelé en tamoul *Tirounelveli*, d'où vient la dénomination de *Tinnevéli*. Nous chercherons à déterminer la signification de ce mot, dans un prochain article, où nous examinerons quelques-unes des dénominations géographiques de la côte de Coromandel.

(2) *A Grammar of the Malabar language*, Bombay, 1799. Cette grammaire n'est pas celle du dialecte tamoul, mais bien du malabar proprement dit, tel qu'il se parle sur la côte ainsi nommée. Or comme ce dialecte, quoique identique avec le tamoul, en diffère cependant sur quelques points, notamment en ce qu'il emprunte un plus grand nombre de mots au sanscrit, ce n'est pas lui, ce nous semble, qu'il fallait choisir pour vérifier si le tamoul du Coromandel dérive ou ne dérive pas de l'idiome brahmanique. Quant au dictionnaire dont parle M. Colebrooke, c'est sans doute celui qui est indiqué dans Adelung (*Mithridates*, I, pag. 224) comme ayant été imprimé in-4.º à Madras en 1776. M. Klaproth a eu l'extrême complaisance de me prêter un exemplaire de ce rare et utile ouvrage, et j'ai pu me convaincre que c'était un dictionnaire de la langue tamoule, quoique le titre anglais porte : *a Dictionary malabar and english*.

» altérés, tandis que les autres le sont bien davan-
» tage, une beaucoup plus grande quantité de termes
» d'origine douteuse. »

On voit, par ce passage, que M. Colebrooke a été
sur-tout frappé de la multiplicité des mots sanscrits
qui se trouvent dans le tamoul, mais en même temps
qu'il n'a pu méconnaître ceux qu'il appelle d'origine
douteuse. Ce point est très-important, car il montre
comment des personnes qui se sont occupées avec plus
d'attention des langues populaires de l'Inde méridionale, ont pu avancer que le tamoul était fondamentalement différent du sanscrit.

Feu M. Ellis est, je crois, le premier qui ait donné
quelques preuves de cette assertion : il joignait à une
grande habitude de la langue sanscrite, des connais-
sances non moins étendues dans les dialectes vulgaires
du sud, et en particulier dans le télinga et le tamoul.
Dans un mémoire plein de science et de détails curieux,
il établit que ni le télinga, ni le tamoul, ni aucun des
idiomes qui s'en rapprochent, n'étaient dérivés du
sanscrit, qu'ils formaient une famille à part, et qu'il
y avait entre eux, non pas seulement ressemblance,
mais encore identité (1). Après lui, M. Babington, dans
la préface de sa traduction anglaise d'un conte tamoul
composé par le fameux Père Beschi, exposa les mêmes
vues. Le tamoul, dit-il, ne dérive d'aucune langue
actuellement existante ; peut-être même a-t-il donné

____

(1) Ellis, *Note sur la préface de la Grammaire telougou de* Campbel, Madras, 1816, p. 1 et 23.

naissance au télinga, au malayâlam et au canara (carnâtaka), ou plutôt il descend comme eux de quelque
idiome maintenant perdu et qui ne s'est conservé
que partiellement dans ces différens dialectes. Les
mots désignant les objets naturels, les principaux
verbes sur-tout, sont tout-à-fait différens du sanscrit,
et les nombreux emprunts qu'a faits le tamoul à la
langue des brahmanes, lorsque les peuples du sud
commencèrent à entrer en relation avec les nations
plus civilisées du nord, sont tous relatifs à l'expression des idées métaphysiques et morales; encore ces
mots sont-ils plus fréquens dans le dialecte populaire
que dans celui des poëtes (1). Ce fait remarquable,
joint à la construction de son alphabet, distingue le
tamoul des autres dialectes du sud, qui ont admis
beaucoup plus de sanscrit dans leurs compositions
écrites que dans le langage vulgaire. Loin de là, le
haut tamoul est presque pur de sanscrit, et il se sert
d'un alphabet que la tradition prétend n'avoir été primitivement que de seize lettres, et qui n'a pas la
moitié des caractères dévanagaris, en même temps
qu'il possède quelques sons inconnus au sanscrit (2).
Ces remarques de M. Babington ne sont, il est vrai,
appuyées d'aucune preuve : c'est que le savant auteur
auquel on les doit, ne pouvait, dans une préface, entrer
dans de plus grands détails. Mais le soin avec lequel

____

(1) *Chen tamil,* le tamoul pur, et *Kodoun tamil,* le tamoul populaire.

(2) Babington, *Adventures of Gooroo Paramartam*, Lond. 1822,
pref. p. 1 et sqq.

M. Babington a étudié la langue tamoule est une ga
rantie suffisante de l'exactitude de ses assertions, et je
suis heureux que mes recherches m'aient conduit au
même résultat que lui.

Avant d'examiner l'alphabet auquel est consacrée
cette lettre, je crois nécessaire de déterminer avec
quelque exactitude la véritable orthographe du mot
tamoul. Dans tous les ouvrages que j'ai pu consulter,
il est écrit *tamil,* avec ce *l* particulier aux langues du
sud de l'Inde, qui se prononce plus ordinairement *j,*
et dont on peut voir la forme sous le n.° 15 de notre
planche. Cette lettre étant une des consonnes finales
quiescentes de l'alphabet tamoul, nous sommes ainsi
certains qu'on doit dire *tamil,* et non *tamila* (1). La
langue se nomme *tamil-ppáchai,* du mot sanscrit
bháchá, dialecte. *Tamil,* dont les Européens ont fait
tamoul, désigne en même temps les Hindous de la côte
de Coromandel, dont les habitans se nomment au pluriel *Tamiler* et au singulier *Tamilen.* Cette dénomination, qui doit être ancienne, est depuis long-temps
connue des Singhalais, qui ont eu de bonne heure des
relations avec les divers peuples de la presqu'île. Ainsi
le *Mahávamsa,* ou la Chronique bouddhique de Ceylan en pali, parle des *Damila* trois siècles avant notre
ère. Vers l'an 261 avant Jésus-Christ, deux Tamouls
détrônèrent l'héritier du petit-fils de *Deveni-Paetissa,*
célèbre dans l'histoire singhalaise, et régnèrent vingt-

____

(1) *Dictionn. tamoul-français,* ms. de la Bibl. du Roi, p. 75,
col. 2.

deux ans. *Ayola*, Singhalais d'origine, les chassa, et, pendant dix ans, Ceylan fut gouverné par des rois nationaux. Mais l'île fut de nouveau conquise et occupée, pendant quarante-quatre ans, par le Tamoul *Elâra*, venu du Coromandel. Cette mention des *Damila* est la plus ancienne que je trouve dans le *Mahâvamsa*, et le premier passage où elle soit consignée est au chapitre 1.er (slok. 41). Il s'agit d'un édifice religieux (*thoûpa*) qui fut élevé en l'honneur de Bouddha, et que plusieurs rois singhalais agrandirent successivement.

Parmi eux on cite *Doutthagâmani*, le même que le *Gemunu* de l'histoire singhalaise, qui chassa de Ceylan le Tamoul *Elâra* (1).

မဒ္ဒန္တော ဒမိဠေ ရာဇာ တတ္ထဋ္ဌော ဒုဋ္ဌဂါမဏိ

Maddanto Damile râdjâ tatthattho doutthagâmani.
« Là vint le roi *Doutthagâmani*, après avoir vaincu les
» *Damila* (Tamouls). »

Et plus bas, au chap. XXI, slok. 11 et 12 :

စောဠရဋ္ဌာ ကုဋ္ဎာဂမ္မ ရဇ္ဇတ္တံ ဥဇ္ဇဇာတိကော
ဖြဋ္ဌာရော နာမ ဒမိဠော ဂဟေတွာ၊ သေလဘုပတိ
ဝဋ္ဌာနိ စတ္တာရိသံ စ စတ္တာရိ စ အကာရယိ
ရဋ္ဌိ ဩဟာရသာမယေ မဒ္ဒတွာ မိတ္တသတ္တုသု

Tcholaratthâ idhâgamma radjdjattam oudjoudjâ-
tiko

<hr>

(1) *Annals of orient. lit.* p. 426.

Elâro nâma Damilo gahetvâ selabhoûpati
Vassâni tchattârîsam tcha tchattâri tcha akârayi
Radjdjam ohârasamaye madjdjhatto mittasattou-
sou (1).

« Alors un *Damila* (Tamoul), descendant d'une
» famille vertueuse, nommé *Elâra*, étant venu du
» royaume de *Tchola* (Coromandel), s'empara du
» trône (et fut) roi des montagnes (2). Il régna pendant
» quarante-quatre ans, et rendit impartialement la jus-
» tice à ses ennemis comme à ses amis (3). »

Ce texte, en citant le Coromandel (avec sa déno-

---

(1) J'ai suivi exactement l'orthographe du manuscrit pali du *Mahâvamsa* appartenant à sir Alex. Johnston. Mais je pense qu'on doit
lire *madjdjhattho* avec deux *tth* cérébraux (*medio-stans*). On rencontre fréquemment dans le *Mahâvamsa*, *samîpattha* (*in proximo
stans*), suivant l'orthographe dont nous parlons; on voit de même
plus haut, *tatthattho.*

(2) Le mot *Selabhoûpati*, signifiant *maître de la terre et des
montagnes,* ou (en prenant *bhoûpati* pour synonyme de *râdja*),
roi des montagnes, est considéré dans ma traduction comme
une épithète de *Elâra,* qui lui fut donnée après la conquête de
Ceylan. Ce sens pourrait ressortir du rapprochement de *gahetvâ*
et *selabhoûpati.* Mais il serait peut-être plus conforme à la construction rigoureuse du pali de traduire : « Alors un Tamoul nommé
» *Elâra,* roi des montagnes, étant venu &c. » Pour que ce sens,
qui au reste me semble le meilleur, fût démontré, il faudrait
trouver le nom de *Elâra* dans les listes des rois tamouls. Ajoutons que *Selabhoûpati* pourrait bien alors signifier *roi de Salem,*
pays montagneux dans le centre des *Gates* orientales, et dont le
nom (*Salem*) me semble dérivé du sanscrit *Shaila,* montagne.

(3) Je traduis le pali *ohâra* comme si ce mot répondait au sanscrit *vyavahâra.* Je dois faire remarquer que le récit du *Mahâvamsa*
ne s'accorde nullement avec celui du *Râdjavali,* qui dit de ce
prince : *he reigned wickedly.* (*Ann. of orient. lit.* p. 410.)

mination sanscrite que nous examinerons plus tard)
comme patrie de *Elára*, ne permet aucun doute sur
l'identité des *Damila* habitant ce pays, avec les *Tamiler* de nos jours. On remarquera que le nom des
Tamouls est, dans le *Mahâvamsa,* écrit avec un *d,*
parce que les Singhalais ont transcrit ce mot comme
ils l'entendaient prononcer, et que les Hindous du
Coromandel disent aussi souvent *Damil* que *Tamil,*
orthographe qui, comme on sait, a été suivie par le
P. Ziegenbalg dans sa *Grammatica damulica* (1).
Nous verrons plus bas que leur alphabet n'a pas de *d,*
et qu'ils sont obligés de donner au *t* la valeur de cette
lettre. De plus, dans le singhalais *Damila,* on a fait
usage du *l* propre au pali, comme à presque tous les
dialectes vulgaires de l'Inde, et dont le son se rapproche de celui qu'on attribue quelquefois au n.° 15
de notre planche. C'en est assez pour montrer avec
quelle fidélité ce mot a été transcrit par le rédacteur
du *Mahâvamsa*. Ajoutons une circonstance faite pour
prouver l'exactitude de ce précieux ouvrage; c'est que
les *Damila* y sont toujours soigneusement distingués
des *Malaya,* nom qui désigne les habitans de la côte
du Malabar, avec lesquels les Singhalais ont eu aussi
de fréquens rapports. Au reste, nous parlerons des
Malaya du *Mahâvamsa,* lorsque nous examinerons
les peuples établis dans la partie occidentale de la
presqu'île indienne.

____

(1) *Grammatica damulica*, à Barth. Ziegenbalg; Halæ, 1716,
in-4.°

Ces faits, que nous avons cru devoir exposer avec quelques détails, parce qu'ils sont puisés à des sources peu connues, nous paraissent contredire l'opinion du savant Colebrooke, relativement à l'orthographe du mot *tamil*, qu'il écrit *tâmla*, et qu'il dérive de *tâmra* ou *Tâmraparṇî*.

Tâmla (si toutefois ce mot existe autre part que dans les listes des grammairiens indiens qui rapportent toutes les langues vulgaires au sanscrit), ne peut être, selon nous, l'altération du sanscrit *tâmra;* car ce mot, qui a passé dans le tamoul, où il est concurremment employé avec le mot *chembou*, cuivre, s'écrit, dans cette dernière langue, *tâmbiram*, suivant le système de cet idiome, qui insère un *i* entre la lettre *r* et la consonne à laquelle elle est jointe : ainsi, *Choûttiren*, S. *Shoûdra*, *mâttirai*, S *mâtrâ*, mesure, &c. Le nom sanscrit de la rivière de *Tirounelveli* (Tinnevéli), est écrit en tamoul *Tâmbiravarṇî*, *eau couleur de cuivre*, orthographe que l'on trouve même dans quelques textes sanscrits, et notamment dans le *Vâyoupourâṇa* (1). Je pense donc que le mot *tamil* ne peut venir du sanscrit *tâmra*, et qu'il faut le regarder comme originaire du sud de l'Inde, en attendant qu'on puisse en déterminer exactement la signification.

L'alphabet tamoul se compose de trente lettres nommées *ejouttou*, dont douze voyelles, appelées

---

(1) *Vâyoupourâṇa*, ms. de la Biblioth. du Roi, beng. n.º ıx, p. 88. Ce manuscrit étant mal écrit, on peut également lire *Tâmravarti* ou *Tâmravarnni*.

ouyir, c'est-à-dire, ame, et dix-huit consonnes, *mey*, c'est-à-dire, corps. Les grammairiens hindous considèrent tellement les voyelles comme ce qui *anime* les consonnes, que, quand celles-ci en sont privées, ils les nomment *chettejouttou*, lettres mortes. Parmi les voyelles, cinq sont brèves, ou *kouttejouttou*; cinq sont longues, *nettejouttou*; deux sont diphthongues (*ai* et *ao*). Les consonnes sont divisées en trois classes : la première, dite *valliñam*, ou classe des âpres; ce sont , *ka*, n.° 1; *cha*, n.° 3; *da*, n.° 5; *ta*, n.° 7; *pa*, n.° 9; *ra*, n.° 17: la seconde, dite *melliñam*, ou classe des douces; ce sont, *nga*, n.° 2; *ña*, n.° 4; *na*, n.° 6; *na*, n.° 8; *ma*, n.° 10; *ña*, n.° 18 : la troisième, dite *idaiyiñam*, ou classe des moyennes; ce sont , *ya*, n.° 11; *ra*, n.° 12; *la*, n.° 13; *va*, n.° 14; *ja*, n.° 15; *la*, n.° 16. Outre ces dénominations, qui sont évidemment d'origine tamoule, et qui n'ont rien de commun avec celles du sanscrit, les grammairiens du Coromandel ajoutent à chacune des lettres le mot *kara*, pour la nommer, et disent *akara*, *ikara*, &c. Nous n'avons pas besoin de dire que cet usage est emprunté à l'alphabet des brahmanes.

Comparons maintenant avec le dévanagari les sons exprimés par chacune des lettres tamoules, et l'ordre dans lequel ces lettres sont disposées. Comme, dans l'alphabet sanscrit, les voyelles sont données d'abord et à part des consonnes; de même encore elles sont ordonnées deux à deux, la brève et la longue, ainsi : *a á, i í*, &c. Mais là s'arrêtent les ressemblances; car les voyelles *ê* et *ô* sont précédées d'un *e* et d'un *o* plus bref, qui n'existe pas en dévanagari. Cette distinction de deux *e* se trouve dans d'autres idiomes du sud de l'Inde, particulièrement en malabar, en singhalais, &c. Il faut bien qu'elle soit originale dans cette contrée, car les peuples chez lesquels on la trouve n'ont pu l'emprunter au sanscrit, qui ne l'a pas (1). Quant à la combinaison des voyelles avec les consonnes, elle se fait exactement comme en sanscrit, et presque au moyen des mêmes signes, comme on peut le voir dans les syllabes *ki, kou, ke* et *ko*, et notamment dans les deux dernières, dont la formation est presque identique avec celle des mêmes syllabes en bengali.

Les consonnes, au nombre de dix-huit, ont cela de commun avec celles du sanscrit, qu'elles sont toujours accompagnées, dans la prononciation, d'un *a* bref qui ne s'écrit pas. Ce rapprochement remarquable suffirait seul pour prouver l'influence qu'a exercée l'alphabet dévanagari sur l'alphabet et le syllabaire actuel des Tamouls. Mais, d'autre part, ce dernier porte des signes non douteux d'originalité, comme on peut s'en convaincre par la comparaison des deux tableaux suivans :

---

(1) Ces deux *e* et ces deux *o* existent également en zend ; mais je fais ce rapprochement sans vouloir en tirer aucune induction sur la ressemblance des idiomes qui y donnent lieu. D'ailleurs ce n'est pas avec les langues du sud de l'Inde que le zend a, selon moi, le plus de rapports ; le sanscrit et le pali sont les seuls idiomes de ce pays qui puissent lui être utilement comparés.

Tamoul.				Sanscrit.				
ka	. .	. .	*nga*	*ka*	*kha*	*ga*	*gha*	*nga*
cha	. .	. .	*ña*	*tcha*	*tchha*	*dja*	*djha*	*ña*
ḍa	. .	. .	*ṇa*	*ṭa*	*ṭha*	*ḍa*	*ḍha*	*ṇa*
ta	. .	. .	*na*	*ta*	*tha*	*da*	*dha*	*na*
pa	. .	. .	*ma*	*pa*	*pha*	*ba*	*bha*	*ma*
ya	*ra*	*la*	*va*	*ya*	*ra*	*la*	*va*	
ja	*ḷa*	*ṛa*	*ṅa*	*sha*	*cha*	*sa*	*ha*	

On voit par-là en quoi les consonnes tamoules ressemblent au dévanagari, et en quoi elles en diffèrent.

La ressemblance est dans le classement des sons suivant la partie de l'organe qui les produit; ainsi la gutturale *ka,* avec sa nasale *nga; cha,* qui répond à la classe des palatales du dévanagari, avec sa nasale *ña,* &c.

La différence consiste en ce que le tamoul n'a ni les aspirées ni les douces du dévanagari. L'aspiration paraît même si contraire au génie de cette langue, qu'elle ne possède pas de *h,* et que, pour représenter ce son dans les mots qu'elle a empruntés au sanscrit, elle se sert d'un *k,* prononcé *g :* ainsi, *mahâ,* grand, devient *makâ,* qu'on prononce *magâ;* quant aux douces *ga, gha, da, dha,* &c., nous verrons tout-à-l'heure comment le tamoul les remplace. Un autre trait caractéristique de cet alphabet, c'est l'existence de lettres d'une nature particulière, la plupart liquides, savoir : *ja,* n.° 15; *ḷa,* n.° 16, et *ṛa,* n.° 17. Enfin l'alphabet est terminé par un *ña* qui paraît faire double emploi avec le *n* dental, et qui ne se trouve pas dans le dévanagari.

Il faut maintenant déterminer la valeur et l'emploi de ces lettres, et voir comment, avec un si petit nombre de signes, le tamoul a pu transcrire les sons très-variés de l'alphabet dévanagari.

ka n.° 1 se prononce comme notre *ka*, au commencement des mots, et au milieu, lorsqu'il est doublé, ainsi :

kan,	œil.	*kadel*,	mer.
kattou,	lien.	*kachakkiradou*,	laver.
kadai,	fin.	*kâkkiradou*,	garder.

ka n.° 1, seul au milieu d'un mot, se prononce *ga* (1), ainsi :

tougil,	toile.	*pagai*,	haine.
ougir,	ongle.	*pougel*,	louange.
pagel,	jour.	*vîdougel*,	les maisons.

C'est d'après ce principe que les mots sanscrits qui ont un *ga* simple ou non aspiré au commencement ou au milieu d'un mot, sont transcrits en tamoul, ainsi :

____

(1) Ce passage de la forte à la douce se remarque dans d'autres idiomes vulgaires de l'Inde septentrionale, dans le *Bikanir* entre autres, où le sanscrit *loka*, monde, se prononce *loga*; *sakala*, tout, *sagala*. Mais ce n'est pas ici le lieu de noter les rapprochemens qu'on peut établir entre tous les dialectes populaires; nous essaierons de traiter ce sujet lorsque nous en aurons examiné un plus grand nombre.

ko,	prononcez *go*,	vache.
kerpam	. . . .	*gerbam*,	ventre (S. *garbha*).
kirkam,	. . . .	*girgam*,	maison (S. *griha*).
kiri,	. . . .	*giri*,	montagne.
kacham,	. . . .	*gacham*,	éléphant (S. *gadja*).
kâkam,	. . . .	*kâgam*,	corbeau (S. *kâka*).
kîtam,	. . . .	*gîdam*,	chant (S. *gîta*).
kantam,	. . . .	*gandam*,	odeur (S. *gandha*).

En résumé, le caractère *ka* représente à lui seul deux sons, dont l'un n'est que l'adoucissement de l'autre, *ka* et *ga*.

nga n.° 2 est la nasale des gutturales. Elle n'a d'autre emploi que de précéder cette lettre au milieu des mots ; elle n'est jamais initiale, et est destinée seulement à représenter la nasale lorsqu'elle tombe sur une gutturale. Je ne crois pas que cette lettre soit originairement propre au tamoul. L'idée de représenter cette nuance du son *n*, ne peut appartenir qu'à un alphabet très-perfectionné, comme le dévanagari.

cha n.° 3 représente la sifflante *sa*, plus souvent *cha*, et quelquefois *ja*; il ne paraît pas que le son en soit bien arrêté, et il varie suivant les localités. Aussi ne doit-on pas prendre dans un sens rigoureux la prononciation de la liste suivante :

chêri,	village.	*chembou*,	cuivre.
chem,	rouge.	*châyel*,	figure.
chôlai,	verger.	*chori*,	démangeaison.
chârel,	colline.	*chetti*,	marchand.
chirkou,	aile.	*chakkiliyen*,	cordonnier.
chouji,	tourbillon.	*chembirân*,	prince.

NOUVEAU

JOURNAL ASIATIQUE.

Seconde Lettre à M. le Rédacteur du Journal asiatique, *sur quelques dénominations géographiques du Drâviḍa ou pays des Tamouls.*

Avant d'examiner quel est le caractère de la langue tamoule, dont nous n'avons encore analysé que l'alphabet, il me semble nécessaire de faire connaître, au moins approximativement, l'étendue et les limites du territoire qu'elle occupe; mais ce sujet offre des difficultés de plus d'un genre. D'abord, je ne sache pas qu'on ait jamais parcouru l'Inde dans le but de constater quelles sont les diverses populations qui l'habitent, quel pays elles occupent, quelles langues elles parlent. A part quelques provinces dont les idiomes sont bien connus, on ne possède, sur la plus grande partie de l'Inde, que des détails trop vagues ou trop incomplets pour que la critique puisse en faire usage. D'ailleurs, il existe toujours, entre deux peuples voisins, quelque différens qu'on les suppose, une frontière et comme un terrain neutre où vient s'opérer le mélange de leurs langues ; de longues recherches entreprises sur les lieux peuvent seules donner le moyen de poser

II.   16

la limite qui doit les séparer. La difficulté augmente, si les deux peuples, appartenant à la même race, parlent des idiomes de même origine : il devient alors à-peu-près impossible à celui qui n'a pas visité le pays dans ce but, de fixer exactement le point où l'un finit et où l'autre commence. Ajoutons que l'identité primitive des langues, en donnant aux deux peuples des dénominations géographiques pareilles, achève de les confondre aux yeux de l'observateur, et fait disparaître jusqu'aux dernières traces qui eussent permis de les distinguer.

Ces remarques s'appliquent, dans toute leur rigueur, à la langue tamoule, qui, dans le Maïssour, touche au carnâtaka, et qui, au-delà du cap Comorin, rencontre le malabar. Comme ces trois langues sont fondamentalement identiques, l'interprétation des noms de lieux, qui peut souvent jeter tant de jour sur l'histoire des peuples qui les ont habités, n'est ici que d'un faible secours. Les mêmes mots, à-peu-près, dans les trois dialectes, désignent les montagnes, les forêts, les villes et les villages. Sur la côte du Malabar, comme presque toutes les dénominations géographiques s'expliquent par le tamoul, si l'on ne savait approximativement où cette langue s'arrête, on serait tenté de la transporter bien au-delà de ses limites réelles ; et dans le Maïssour, il faut remonter assez haut vers le nord-ouest, pour trouver quelques mots purement carnâtakas qui indiquent la prédominance exclusive de cet idiome. Mais la difficulté même que nous éprouvons à tracer les limites du

tamoul, présuppose déjà un fait d'une grande importance. Ce fait, c'est que le dialecte tamoul a de nombreux rapports avec le malabar et le carnàtaka ; qu'ainsi
ces trois langues doivent avoir la même origine ; que les
peuples qui les parlent appartiennent à la même race ;
en un mot, nous nous trouvons, au début de nos recherches, conduits à admettre comme prouvés les résultats qui en doivent être les dernières conséquences.

Sans donc chercher à déterminer les limites de la
langue tamoule plus rigoureusement que ne l'ont fait
les grammairiens, et entre autres Babington (1), je me
propose ici d'examiner les dénominations géographiques
du pays où elle est nationale, sous un point de vue qui se
rattache mieux à l'objet spécial de ces lettres, c'est-à-dire,
de constater à quel idiome elles appartiennent. Dans
ce travail, j'avais à me défendre de la préoccupation
naturelle que fait naître le nombre immense de noms
géographiques appartenant au sanscrit, que présentent
les cartes de l'Inde. Les Brahmanes ont en effet, si
l'on peut s'exprimer ainsi, semé sur toute la surface
de l'Inde les mots de la langue qu'ils parlaient, et l'on
est si habitué à rencontrer à chaque pas des traces de
leur puissante influence, qu'on est tenté de regarder
comme d'anciennes altérations de leur idiome les mots
mêmes dont il ne peut rendre raison. Or, trouve-t-on à
la côte de Coromandel quelques dénominations géographiques de cette espèce ? S'expliquent-elles sans effort
au moyen de la langue vulgaire ? Y sont-elles en une pro-

____

(1) *Adventures of Gooroo Paramârtám*, pref. p. 1.

16.

portion plus grande que celles qu'on peut dire véritable-
ment sanscrites? Si l'on répond affirmativement à toutes
ces questions, on aura résolu en partie celle de l'originalité et de la nationalité du tamoul, et en même
temps du peuple qui le parle, dans le pays où il
subsiste encore. Il faudra reconnaître ou que cette
langue y est née, ou au moins qu'elle y avait jeté de profondes racines avant l'arrivée des Brahmanes. En effet,
quand même la conquête, en civilisant la race tamoule,
aurait effacé jusqu'au souvenir de son état primitif, si
elle a respecté des noms de lieux que l'idiome du
peuple actuel peut expliquer, il est prouvé pour nous
que la race et sa langue existaient déjà; il est même
évident qu'elle s'était dès-lors constituée en corps de
nation, s'il est vrai toutefois qu'un peuple ne puisse
disparaître sans laisser sur le sol où il a vécu l'em-
preinte durable de sa première existence.

Ces considérations, qui mériteraient de plus grands
développemens, m'ont paru nécessaires pour indiquer
le but et faire excuser la sécheresse de cette lettre,
entièrement consacrée à des explications de mots. Je
dois essayer d'y donner l'interprétation des noms que
portent les principaux lieux du pays que les Hindous
eux-mêmes regardent comme le siége primitif de la
race et de la langue tamoules. J'y examinerai également,
et ceux qui dérivent du sanscrit, et ceux qui appartiennent au dialecte vulgaire. Mais comme il en est de
si altérés par la prononciation des voyageurs qu'on ne
peut en retrouver la vraie orthographe, je ne recher-
cherai le sens que de ceux dont les élémens paraissent

le moins corrompus. Un travail complet sur les noms géographiques de l'Inde, et notamment sur ceux de la presqu'île, ne pourrait être entrepris que dans le pays même, et d'après des listes écrites en caractères originaux. Si, privé d'un aussi précieux secours, j'ai cru pouvoir me livrer à cette recherche, j'ai lieu d'espérer que les connaisseurs ne jugeront pas trop sévèrement ce premier essai.

Les dénominations les plus générales que porte sur nos cartes la côte orientale de la presqu'île indienne, dans la plus grande partie de laquelle se parle le tamoul, sont celles de Carnatic et de Coromandel. Ces dénominations ne se correspondent pas exactement, c'est-à-dire qu'elles n'embrassent pas la même étendue de pays ; elles ne comprennent même pas tout le territoire où domine le tamoul. Le Carnatic s'étend depuis le cap Comorin jusqu'aux limites méridionales du Guntour (1). La côte de Coromandel ne commence qu'à la pointe Callimère, pour remonter au-delà du Guntour, jusqu'à l'embouchure du Krichna (2). Le tamoul n'est pas renfermé dans ces limites ; il se parle à l'extrémité méridionale de la côte, dans les provinces de Marava, de Maduré, de Tinnevéli, et au-delà de la barrière des Ghâtes dans le Dindigal, Salem et Coimbetore. Les noms de Carnatic et de Coromandel n'indiquent donc que d'une manière incomplète l'emplacement de la population et de l'idiome tamouls.

____

(1) Hamilton, *Description of Hindostan*, tom. II, p. 399.
(2) *Ibid.* p. 405.

Le mot *Drâviḍa* ou *Drâvira*, que les listes originales des Brahmanes donnent proprement à une assez petite portion de la côte depuis Madras jusqu'aux montagnes, mais qui s'applique par extension à la partie méridionale de la péninsule, au pied des Ghâtes, est le seul qui puisse désigner convenablement la situation géographique de la langue et du peuple qui se nomme *Tamil* (1).

Le nom de Carnatic, donné par les Européens et les Musulmans à la côte de Coromandel, est inconnu dans cette acception aux Brahmanes comme aux peuples d'origine tamoule (2). Le *Karṇâṭa*, d'où vient Carnatic (3), est une des anciennes divisions de la géographie indienne, qui comprenait tout le haut plateau du sud de l'Inde, depuis le fleuve Krichna jusqu'à l'extrémité du Maïssour. Cette vaste province formait, dans les premiers siècles de notre ère, un puissant empire dont le centre se trouvait entre les parallèles des Ghâtes orientales et occidentales, mais qui souvent, franchissant cette enceinte, touchait aux deux mers (4). L'étendue de ce royaume, qui ne fut

---

(1) Buchanan, *Journey of Mysore*, tom. III, p. 90. Suivant le P. Cœurdoux, le pays où se parle le tamoul s'étend depuis le cap Comorin jusqu'au 14.ᵉ degré de latitude nord environ (*Lettres édifiantes*, tom. XV, p. 175, éd. de 1781, et XXXIV, p. 328, éd. de 1776).

(2) Buchanan, *ibid.* tom. III, p. 201.

(3) Buchanan, *ibid. General index*, au mot *Carnatic*.

(4) *Itiner. Portug. a Lusitan. in Indiam*, Milan, 1508, p. 86 *verso*, 88 *recto*, trad. lat. Osorius, *de Rebus Emmanuelis regis*, lib. IV, p. 162, 1571. Barros, *Decad.* I, liv. VIII, fol. 104 *verso*; *Decad.* II, liv. V, c. 1. 2, fol. 59 *verso*, 60 *verso*, Lisboa, 1552.

complétement détruit par les Musulmans qu'au milieu du XVII.ᵉ siècle (1659), suffit pour expliquer comment le mot *Karṇâṭa* put être appliqué, quoique improprement, à une partie de la côte occidentale de l'Inde, où il devint *Canara*, et à presque toute la côte orientale, où la dénomination de Carnatic a plus fidèlement conservé la forme primitive (1). Les Musulmans qui trouvèrent la partie de la côte occidentale, appelée maintenant *Canara*, soumise à la jurisdiction de l'empire du *Karṇâṭa*, crurent qu'elle faisoit partie du même pays ; ils se contentèrent de distinguer le plateau central de la péninsule par le nom de *Bâlâ Ghât*, au-dessus des Ghâtes, et nommèrent la côte occidentale *Carnatic Pâyen Ghât*, ou *Karṇâṭa* au-dessous des Ghâtes (2). Toutefois, l'exactitude exige qu'on rende

---

Purchas, *Pilgrimages*, p. 544. Anquetil, *Recherches historiques et géographiques sur l'Inde*, tom. II, première partie, p. 164. Voyez, sur la puissance de la dynastie de *Narsingh* au Malabar et sur la côte de Coromandel, Anquetil, *ibid.* p. 164, et les autorités qu'il cite, Barros, Purchas, Linschotten et du Jarric. *Conf.* Anquetil p. 175. Les ouvrages historiques de la province d'Orixa mentionnent à la fin du XV.ᵉ siècle, Candjevaram comme faisant partie du *Karnâtsâsan*, en sanscrit *Karnâtqshâsana*, ou gouvernement du Karnâta. Stirling, *on Orissa, Asiat. Research.* tom. XV, p. 280, éd. de Sérampore.

(1) Hamilton, *Description of Hindostan*, tom. II, p. 251. Buchanan, *Journey &c.* tom. III, p. 103 et 201.

(2) Le mot *Ghâte*, que les voyageurs écrivent *Ghaut, Gatte, Gate, &c.*, dérive du sanscrit *ghatta* (deux *tt* cérébraux), *port, passage d'une rivière*, et par extension, *passage dans une montagne*. Aussi ce mot désigne-t-il moins les montagnes elles-mêmes que les vallées profondes et les passes par lesquelles on pénètre de la côte dans le haut pays. La chaîne occidentale des montagnes

cette dénomination au pays auquel elle appartenait jadis, et que lui conservent encore les listes géographiques des Brahmanes. L'existence du mot *Karṇâta* dans ces listes, qui sont écrites en sanscrit, semble autoriser, au premier abord, à en chercher dans cette langue la signification. Le dictionnaire fournit même tout de suite une étymologie, inadmissible, il est vrai, mais qui montre quelles ressources peut offrir à l'esprit de système une langue aussi riche que le sanscrit. C'est le mot *Karṇa, oreille*, qui, en vertu des lois d'une dérivation qui n'explique rien, forme *Karṇâta*. Cette interprétation serait déjà suspecte, quand même on ne pourrait pas la remplacer par une autre; mais comme le tamoul nous en donne une très-raisonnable, celle que l'on emprunte au sanscrit ne peut avoir aucune valeur. Paulin de Saint-Barthélemy, qui, dans son *Voyage aux Indes*, a essayé de rectifier plusieurs noms de villes et de villages, qu'il s'indignait, un peu vivement peut-être, de voir mal écrits sur les cartes, a dit le premier : « Je crois que *Karṇâta*, en tamoul, »signifie *le pays noir,* ou *le pays de la terre noire,* »par opposition à la côte de Coromandel, dont le »terrain est sablonneux et léger (1). »

L'auteur inconnu d'un vocabulaire tamoul dont la bibliothèque du Roi ne possède que des fragmens, donne deux autres explications des mots *terre noire :*

nommées communément *Ghâtes,* s'appelle en malabar *Sukhien,* suivant J. Duncan (*Historical remarks on the coast of Malabar, Asiat. Res.* tom. V, init.)

(1) Paulin, *Voyage aux Indes,* tom. I, p. 41, 45, trad. franç.

la première, c'est que le *Karṇâṭa* produit abondamment une espèce de graine noire dont se nourrissent ses habitans ; la seconde, c'est qu'ils ont le teint très-foncé (1). Quoi qu'il en soit des raisons qui ont pu faire adopter la dénomination de *Karṇâṭa*, elle est bien évidemment formée des deux mots tamouls *karou, noir*, et *nâḍou, contrée*, mais sur-tout *contrée dans l'intérieur des terres*. Les voyelles finales de ces deux mots disparaissent dans la composition : elles n'y sont pas en effet radicales ; et ce qui le prouve, c'est qu'en malabare, *pays* se dit *nâḍa*, aussi bien que *nâḍou*, et qu'en tamoul même, *kâr* sans *ou* et avec la première voyelle alongée, signifie *noir*. Ajoutons que le *ḍ* de *nâḍou* correspond au *ṭ* cérébral du dévanagari. Je pense donc que le mot *Karṇâṭa* est tamoul, et que les Brahmanes, qui l'ont admis dans leurs listes, cherchent en vain à l'expliquer par le sanscrit. Quant à la forme de ce mot en tamoul, *Karṇâḍagam*, elle est régulièrement formée d'après les lois de la grammaire sanscrite. Dans cette langue, on peut ajouter à tous les noms propres la syllabe *ka*, qui ne change rien au sens du mot. Ce qui prouve d'ailleurs que *Karṇâḍagam* est bien le représentant tamoul du *Karṇâṭa* des listes brahmaniques, c'est la définition du dictionnaire manuscrit de la bibliothèque du Roi : « *Karṇâḍagam*, pays » au-delà de *Visaiyapouram*. » Si on se place à la côte de Coromandel, le *Karṇâḍagam* doit être *en-deçà* de Visapour ; si l'on vient de l'ouest, il est *au-delà* :

---

(1) Fragmens tamouls de la Bibliothèque du Roi.

mais il n'en est pas moins certain que ce sont deux provinces limitrophes, et que le dictionnaire tamoul, en prenant Visapour comme terme de comparaison, a bien clairement voulu désigner l'ancien *Karṇâṭa*, et non le Carnatic actuel.

Quelque probable que paraisse l'explication du mot *Karṇâṭa* proposée par Paulin et confirmée par l'auteur des Fragmens du dictionnaire tamoul de la bibliothèque du Roi, Wahl la regarde comme douteuse, parce que, dit-il, on n'a pu nommer le *Karṇâṭa, terre noire*, par opposition à la blancheur et à la légèreté du sol à la côte de Coromandel, puisque cette côte est comprise sous cette même dénomination de *Karṇâṭa* (1). Mais d'abord, comme le fait très-justement remarquer Wahl lui-même (2), pour expliquer *Karṇâṭa* par *Kâr-nâḍou*, on n'a pas besoin de supposer avec Paulin que ce nom n'a été donné au plateau de l'Inde que par opposition à la côte de Coromandel. Ensuite Wahl n'a pas remarqué que le mot *Karṇâṭa*, et sous sa forme moderne *Carnatic*, n'a jamais été le nom hindou du Coromandel, mais que ce sont les Mahométans et les Européens qui le lui ont donné par extension, dans les temps modernes. Au reste, si l'étymologie de Paulin est douteuse, on en peut dire autant de celles que Wahl propose. Remarquant d'abord que, suivant Férichtah, le Carnatic a été jusqu'au XV.ᵉ siècle nommé *Kurra* ou *Karra*, il rapproche de ce mot le

---

(1) *Erdebeschreibung von Ostindien*, tom. II, p. 622.
(2) Même ouvrage, p. 623.

tamoul *karai*, *bord*, et traduit *Karṇâṭa* par *terre du rivage* (*Uferland*). Mais il abandonne cette explication, parce qu'elle ne désigne que la côte, c'est-à-dire qu'une partie des pays compris sous le nom de *Karṇâṭa*. On ne peut pas davantage soutenir l'étymologie par laquelle ce mot viendrait de *kirh*, ou *kirr*, *infra*, et voudrait dire *le pays bas*, par opposition au Décan : le mot qui signifie *sous* s'écrit exactement *kîj*; et quoique la lettre *j*, en tamoul, ait un son qui se rapproche quelquefois du *r*, la première syllabe de *Karṇâṭa* ne peut dériver de *kîj*. Enfin les deux dernières explications qu'il propose ne sont pas plus admissibles : *Karṇâṭa* vient, suivant l'une, de *kari* ou *kola*, *sanglier*; suivant l'autre, de *kar* ou *koula*, *bétail*; mais je ne connais pas en sanscrit *kari* ni *kar* avec le sens de sanglier et de bestiaux. En résumé, l'étymologie de Paulin me paraît préférable; mais qu'on l'admette ou qu'on la repousse, ce qui au fond est assez peu important, il était nécessaire de constater l'orthographe de *Karṇâṭa*, et de montrer que le sanscrit ne peut expliquer ce mot, dont la seconde partie au moins est évidemment tamoule.

Le contraire paraît avoir lieu dans le mot Coromandel, en sanscrit *Tcholamaṇḍalam*, dont le tamoul écrit la première partie *Chôja*, avec la lettre *j*, qui se prononce quelquefois *l* (voy. *Tamil* pour *Tamij*). *Tchola*, qui en sanscrit signifie un vêtement qui serre le corps, est le nom d'un roi (ou plutôt d'une famille de rois) qui régnait jadis dans le Tanjaour et qui a donné son nom à ce pays. De là ce mot a été appliqué, abusive-

ment sans doute, et dans des temps assez modernes,
à toute la côte dite de Coromandel ; mais il ne faut pas
oublier que, dans l'opinion des Indiens, il désigne spécialement le Tanjaour actuel, et qu'il est clairement
distingué du *Drâvira*. On en peut voir une preuve
frappante dans un drame lyrique sanscrit analysé par
Wilson, et qui fait partie de son beau recueil (1).
On doit donc traduire *Tcholamaṇḍalam* par *le pays
de Tchola*. D'un autre côté, Paulin explique *Tchola*
par *millet*, et appelle le Coromandel *le pays du millet*, parce qu'en effet cette plante y croît abondamment (2). Anquetil-Duperron, dans ses Notes sur
le *Voyage* de Paulin, incline à croire que ce pays tire
son nom de la dynastie des *Soren* (ou *Chôjeṅ*), qui
y régnait dans les premiers siècles de notre ère (3).
Hamilton adopte aussi cette opinion (4). Ce qui semble
appuyer l'interprétation de Paulin, c'est qu'en tamoul
le mot *choḷa* signifie *maïs* ; cependant l'orthographe
de *choḷa* et celle de *Chôja* (dans *Chôja-maṇḍa-
lam*) n'est pas la même ; et quelque rapport qui
puisse exister dans la prononciation tamoule des lettres
ḷa et *ja*, il est bon de ne pas confondre les mots où
elles se trouvent, quand on en cherche le sens pri-

____

(1) *Specimens of Hindoo theatre*, tom. III, p. 76 (II.ᶜ partie).

(2) *India orient. christian.* p. 125. *Voyage aux Indes*,
tom. I, p. 3, 40, trad. franç.

(3) *Voyage aux Indes*, tom. III, p. 39. D'Anville, *Antiquités
géographiques de l'Inde*, p. 127, 1775. *Histoire de la Mission
danoise*, tom. I, p. 17, trad. franç. 1747.

(4) *Description of Hindostan*, tom. II, p. 405, 457.

mitif. Ajoutons que le dictionnaire tamoul manuscrit confirme l'explication d'Anquetil ; à la page 153 , on trouve cet article : « *Chôjen* , ancien roi de Tan- » jaour : *Chôjamaṇḍalam* , côte de *Seramandel* (Co- » romandel), que ce roi a rendue plénière (*sic*) et » fertile par plusieurs canaux qui l'arrosent. »

Les Brahmanes, en donnant place au mot *Tchola* dans leurs listes , ne manquent pas d'en proposer une explication. Selon eux , *Tchola* vient de la racine *tchoula* (*tchoul*) , *être élevé ;* mais cette étymologie ne me parait pas plus admissible que celle de *Kar-ṇâta.* Sans chercher ce que peut vouloir dire *Tchola,* écrit par les Tamouls *Chôja,* je suis frappé de l'orthographe de ce mot, et de la présence de cette lettre particulière à leur langue, que le sanscrit n'a pu représenter autrement que par un *l.* Si l'on veut que *Tchola* dérive du sanscrit, je demanderai quel motif aurait pu engager les Tamouls à écrire *Chôja ,* quand leur alphabet leur fournissait un *l* exactement identique à celui du dévanagari. Il me semble qu'avec des alphabets aussi différens que celui du tamoul et celui du sanscrit, on conçoit le changement de *Chôja* en *Tchola* plus facilement que celui de *Tchola* en *Chôja ,* et qu'ainsi l'antériorité doit être pour la seconde forme. Faut-il ajouter qu'en tamoul le Coromandel est encore appelé *Chôjanâḍou, pays de Chôja,* et doit-on conclure de la présence du mot tamoul *nâḍou* au lieu du sanscrit *maṇḍalam* que la dénomination de *Chôjanâḍou* est toute entière tamoule ? Cette conclusion serait peut-être peu rigoureuse ; car nous verrons dans la suite de cette lettre plus d'un exemple de l'alliance d'un mot tamoul avec un mot sanscrit.

L'orthographe adoptée par les Singhalais semble aussi se rapprocher plus du tamoul que du sanscrit. Dans le *Mahâvamsa*, le Coromandel est appelé *Tcholarattha*, mot dont le *l* cérébral a de l'analogie avec la lettre prononcée en tamoul tantôt *la* tantôt *ja*. Mais cela prouve seulement que les Singhalais ont transcrit ce mot d'après la prononciation ou l'orthographe tamoule. La mention du *Tcholarattha*, dans le *Mahâvamsa*, a d'ailleurs un autre intérêt : elle nous donne le moyen de constater l'antiquité de cette dénomination. Nous avons vu, dans notre première lettre, que l'arrivée d'*Elâra*, venu du *Tchola* à Ceylan, devait dater de l'an 261 avant notre ère. Il est assez remarquable que ce soit vers ce temps que les listes des princes du sud, données par Buchanan dans son excellent ouvrage sur le Maïssour, fassent commencer les *Sholen Râdja*, ou, suivant une orthographe plus rigoureuse, *Chôjeñ*. Anquetil, dans son *Canon chronologique*, les place un peu plus tard (1). Comme ces renseignemens sont peu connus, et que d'ailleurs ils n'ont jamais été discutés par la critique, nous en ferons par la suite l'objet d'un examen spécial.

Quelques siècles plus tard, Ptolémée nous donne le nom de Coromandel écrit d'une manière assez exacte Σῶρα ou *Sôra*. La côte est appelée par lui παραλία

<hr>

(1) *Recherches historiques et géographiques sur l'Inde*, tom. II, première partie. fin. *Cf.* Buchanan, *Journey &c.* t. III, p. 472.

Σωρίγων (Σωρίζγων) ou Σωριγητῶν, ce qu'il faut, je pense,
entendre comme d'Anville, *Côte des habitans de Sôra*
(ou *Chôja*) (1); et non comme Paulin, qui divise
cette appellation, et prétend que Σωρίγων, qu'il lit
Σωρεντάνων, est la côte de Coromandel, et παραλία celle
des Paravas (2); ni comme Wahl, qui trouve dans la
finale τάνων le sanscrit *tanaya, fils,* et traduit, « la côte
» des descendans de *Sôra* (3). » Dans le nom que Ptolémée donne aux habitans du Coromandel, Σωρίγγων,
Soringorum (ou Σωριγητῶν), nous trouvons toujours
le même radical Σῶρα. Quant au *Sôrentanon* de Paulin,
ce mot me paraît la transcription grecque de *Chôjanâḍou,* et il n'est pas inutile de remarquer avec quelle
fidélité elle a été faite. Dans Σῶρα le ω est long comme
dans *Chôja;* r remplace le *j* tamoul, parce que cette
dernière lettre se prononce souvent ainsi, et que d'ailleurs elle offrait aux Grecs un son barbare qu'il leur
était difficile de reproduire. *Chôjanâdou* se trouve
même très-exactement transcrit dans Ptolémée, si on
lit, comme à la marge de l'édition de Bertius, *Sornatis*
au lieu de Σωρνάγος, dans ce passage relatif à une des
anciennes villes du Maduré, Ὄρθουρα βασίλειον Σωρνάγος.
Suivant les rapports transmis à Ptolémée, les *Sôræ*
étaient nomades (Σῶραι νομάδες); leur capitale était Arcate, d'après le texte Ἀρκάτου βασίλειον Σῶρα, que nous
expliquerons plus bas (4).

---

(1) *Antiquités géographiques de l'Inde,* p. 128, 1775.
(2) *Voyage aux Indes,* tom. I, p. 52, trad. franç.
(3) *Erdebeschreibung von Ostindien,* t. II, p. 631.
(4) Ptolémée, *Geogr.* lib. VII. c. 1.

Il nous reste à examiner la dénomination brahmanique de *Drâviḍa*, la seule que reconnaissent les Hindous, parce que seule elle désigne, à proprement
parler, le pays tamoul. Ce nom mérite d'être remarqué,
en ce qu'il rappelle une des grandes et anciennes divisions nationales des peuples de l'Inde; les observations
auxquelles il peut donner lieu, jetteront, je l'espère,
quelque jour sur l'objet que je me propose dans cette
lettre. Déjà nous avons dit, d'après Colebrooke, que
les langues du sud de la presqu'île étaient appelées
pantcha Drâviḍa, ou les cinq *Drâvir*, par opposition
aux *pantcha Gaoḍa*, ou aux cinq *Gour* ou *Gaor* (1).
Mais cette dénomination n'est pas primitivement propre
aux cinq idiomes qu'elle désigne collectivement, c'est-
à-dire, au mahrate, au guzarate, au télinga, au canara et au tamoul (2). Elle n'est au contraire donnée
à ces dialectes que par extension; car elle appartient
spécialement à la réunion des cinq peuplades de Brahmanes qui habitent le sud de la péninsule (3). Ce sont
les Brahmanes Mahrattes (*Mahârâchṭra*), Guzarates
(*Gourdjara*), Télingas (*Andhra*), Canaras (*Karṇâṭa*), Tamouls (*Drâviḍa*). Mais de ces cinq nations
répandues sur un aussi vaste territoire, celle des Brah-

---

(1) *Asiat. research.* tom. VII, p. 226, ed. Lond. *in-4.º*

(2) Nous suivons ici Colebrooke, dont la liste s'accorde avec
celle de Buchanan (*Journey of Mysore*, tom. III, p. 90). Colebrooke remarque que quelques autorités mettent par erreur *Ka-
shmira* au lieu de *Canara* (*Karnâta*).

(3) Buchanan, *Journey &c.* tom. I, p. 20, 307, 308, t. III,
p. 90, 176, 179.

manes tamouls est la seule chez qui le nom de *Drâ-vida* soit national, de sorte que ceux du *Karṇâṭa*, et du pays Mahratte par exemple, tout en prétendant appartenir à la grande division des *pantcha Drâvida*, donnent exclusivement ce titre à la caste sacerdotale du pays tamoul (1). Cela vient de ce qu'elle habite la partie de la côte orientale qui, sur les listes origi-nales répandues dans l'Inde, porte le nom de *Drâ-vida desha* (2), et qui ne comprend que le territoire de Madras et d'Arcate jusqu'aux montagnes. Aussi le dictionnaire tamoul manuscrit, sur le mot *Drâvida*, qu'il écrit *Tirâvida râchiyam*, «royaume de *Drâ-vida*, » donne-t-il cette explication: « *Tamoul*, c'est » la partie australe de ce pays. » Restreinte d'abord dans ces étroites limites, cette dénomination s'est de-puis étendue aux pays dans lesquels étaient établis, et les Brahmanes *Drâvida*, et la langue des Tamouls, c'est-à-dire, comme nous l'avons indiqué plus haut, à l'extrémité sud-est de la presqu'île (3). Mais je ne puis dire pourquoi elle a été adoptée plutôt que toute autre pour désigner l'ensemble des tribus brahma-niques du sud; cela n'est pas plus facile à expliquer que le choix du mot *Gaoda*, nom propre du Bengale, qu'on applique aux cinq tribus du nord. Il est toutefois facile de conjecturer que la nation des *Drâvida* aura

(1) Buchanan, *Journey &c.* t. II, p. 303. Wahl, *Erdebeschrei-bung von Ostindien*, tom. II, p. 629.
(2) Buchanan, *ibid.* tom. II, p. 304, 306.
(3) Buchanan, *ibid.* tom. III, p. 90.

II.   17

dù cet avantage à la supériorité ou des lumières ou de la puissance. On ignore absolument les circonstances de son établissement dans le sud; le seul fait que l'on connaisse d'après le témoignage précieux de Buchanan, c'est que les Brahmanes *Drâviḍa* ne sont pas originaires de la partie du Coromandel qui porte ce nom : ils passent pour venir de l'Hindostan, et le lieu de leur origine est *Kalpi*, dans l'ancienne province d'Agra, près de la Youmna (1).

Cette tradition qui constate l'origine septentrionale des *Drâviḍa*, est encore confirmée par la nature particulière du dialecte tamoul qu'ils parlent. Quoique considéré comme un *prâkrita-bhâchâ*, c'est-à-dire, *un dialecte populaire*, il a plus de rapports avec le sanscrit que le tamoul proprement dit (2). Ce fait curieux acquiert une grande importance, si l'on se rappelle la distinction du tamoul en deux dialectes, *le commun* et *le pur*, distinction qui repose en partie sur ce que la langue commune fait de nombreux emprunts au sanscrit, tandis que la langue littérale s'interdit presque absolument tous les mots d'origine étrangère. Les termes sanscrits apportés par les Brahmanes du nord se sont perpétués dans leurs familles; mais les *Shoûdras* évitent de les employer, et parlent un tamoul plus pur (3). C'est que la caste des *Shoûdras*, ou la dernière de toutes dans la hiérarchie brahma-

---

(1) Buchanan, *ibid.* t. II, p. 303. *Conf.* Hamilton, *Description of Hindostan*, tom. I, p. 379.

(2) Buchanan, *ibid.*

(3) Ellis, *Note sur la grammaire telougou de Campbel*, p. 23.

nique, constitue la population primitive de l'extrémité méridionale de la presqu'île; c'est que ce sont eux qui, à proprement parler, sont appelés *Tamiler*, par opposition aux Brahmanes *Drâviḍa*. En effet, le mot *Tamil*, que l'on ne considère ordinairement que comme le nom d'une langue, est en réalité celui des *Shoûdras* du Coromandel, ou plutôt d'une nation que les Brahmanes, en la soumettant à leur système politique, ont reléguée toute entière dans les derniers rangs de la hiérarchie sociale (1). Ainsi la quatrième caste comprend les anciens habitans de cette partie de l'Inde, tandis que la première se compose d'étrangers originaires du nord. Il y a même lieu de croire que les Brahmanes vinrent presque seuls s'établir au milieu des Tamouls, et que peu de *Kchatriyas* et de *Vaishyas* les y suivirent. Les recherches les plus attentives sur les castes de l'Inde méridionale prouvent en effet qu'on ne rencontre dans le Coromandel, et en général dans le sud de la presqu'île, qu'un très-petit nombre de *Kchatriyas* et de *Vaishyas*; encore les Brahmanes contestent-ils ce titre à la plupart des familles qui y prétendent (2).

Selon eux, la caste des *Kchatriyas* est depuis

---

(1) Buchanan, *Journey &c.* tom. II, p. 303. Suivant ce voyageur, la langue et le peuple tamouls sont nommés par les habitans du *Karnâta*, *Arabi* et *Tigul-ar*. Ce dernier mot peut, à la rigueur, passer pour une altération de *Tamiler*; mais j'ignore pourquoi la langue de ce peuple se nomme *Arabi*.

(2) Voyez de nombreuses preuves de ce fait dans Buchanan, tom. I, p. 252, 253, 259, 303.

17.

long-temps anéantie dans toute l'Inde, et le peu de *Vai-shyas* qui subsistent dans le sud paraissent originaires du nord (1); on ne trouve dans la presqu'île que des *Shoûdras*, et c'est de cette tribu que descendent les Hindous qui, de nos jours, se disent issus de la seconde et de la troisième caste. Cette opinion acquiert un haut degré de vraisemblance, quand on se rappelle que, dans l'ancienne province de *Karnâta* et sur la côte de Coromandel, les *Shoûdras* sont soldats, cultivateurs et marchands, c'est-à-dire qu'ils exercent les professions jadis presque exclusivement réservées aux *Kchatriyas* et aux *Vaishyas* (2). Elle est même pleinement confirmée par les détails que les missionnaires danois nous ont transmis sur les castes du Coromandel. Ils divisent les Hindous en quatre ordres; les *Bramins*, les *Tschattires*, les *Suttires* et les *Parres*; puis, d'après une classification plus rigoureuse, ils font rentrer les *Tschattires* dans l'ordre des *Bramins* (3), c'est-à-dire qu'ils ne comptent en réalité que trois castes, les Brahmanes, les *Shoûdras* et les

---

(1) Buchanan, *ibid.* tom. I, p. 256, tom. II, p. 80.

(2) Voyez, sur l'ancienne milice du *Karnâta*, qui était composée de *Shoûdras* cultivateurs, des détails curieux dans Buchanan, tom. I, p. 258. On peut y ajouter le témoignage de l'auteur du dictionnaire tamoul manuscrit de la bibliothèque royale, qui explique le mot *Karnâdagasévager*, « les soldats qui ne sont » ni Maures, ni Mahrattes, ni Rasapoutes (*Radjpoutes*). » Évidemment, ce ne peuvent être que des *Shoûdras*.

(3) *Hist. des Voyages des Danois aux Indes*, tom. I, p. 164, trad. franc. 1747.

Parias (en tamoul *Paraiyer*) (1). Suivant les mêmes missionnaires, les *Tschattires* ou *Kchatriyas* ne constituent pas un ordre séparé, mais seulement une sous-division de la caste des Brahmanes, et ils sont appelés en conséquence *Tschattires-Bramins* (2). Cette indication, qui serait inexacte s'il s'agissait des Brahmanes et des *Kchatriyas* des parties plus septentrionales de l'Inde, par exemple, du pays des Radjpoutes, s'applique assez exactement à ceux des membres de la caste sacerdotale chez les Mahrattes, qui commandaient les armées, et réunissaient ainsi au titre de maîtres spirituels, les fonctions qui, à des époques plus anciennes, appartenaient exclusivement aux *Kchatriyas* (3). L'expédition des Mahrattes dans le Tanjaour et la conquête de ce pays par *Ecoji Râdja*, en 1674 (4), amenèrent quelques-uns de ces prêtres guerriers dans le sud de l'Inde; et cette circonstance explique comment ils ont pu être connus des missionnaires de Tranquebar (5). Au reste, sans admettre

---

(1) *Hist. des Voyages des Danois aux Indes*, tom. I, p. 156, trad. franç. 1747.

(2) *Ibid.* p. 165.

(3) Malcolm, *Memoir of central India*, tom. I, p. 67, 68, 75, 1824.

(4) *Hist. des Voyages des Danois aux Indes*, tom. I, p. 17, trad. franç. 1747.

(5) Les chefs mahrattes transportèrent dans le Tanjaour leur organisation politique, avec les dénominations, le plus souvent musulmanes, qui en marquaient les degrés. La cour du roi de Tanjaour fut une imitation de celle de Pouna; et dans l'une comme dans l'autre, le premier ministre porta le titre persan de *Pechvâ*. C'est au moins ce que l'on peut conclure de la définition du dic-

exclusivement une classification dans laquelle seraient
confondues deux castes essentiellement distinctes aux
yeux des Tamouls, il en résulte cependant qu'à la côte
du Coromandel, les missionnaires danois n'ont pas
trouvé de *Kchatriyas* véritables, qu'ils ne parlent pas
même des *Vaishyas*, et qu'enfin ils ne reconnaissent,
comme nous proposions tout à l'heure de le faire, que
deux castes, les Brahmanes et les *Shoûdras*, sans
compter celle des Parias, qui, quoique placée par les
Brahmanes en dehors de la société, n'en forme pas
moins avec les *Shoûdras* le fond de la population primitive dans le sud de l'Inde.

Il semble résulter des observations précédentes, que
des deux mots qui désignent ces deux castes, *Drâvida* et *Tamij* (tamoul), le premier doit être, comme
la tribu qui le porte, étranger à l'Inde méridionale,
tandis que le second doit appartenir à quelqu'un des
idiomes de ce pays. L'orthographe que les Tamouls
ont adoptée pour *Drâvida*, qu'ils écrivent *Tirâvida*,
me paraît prouver que ce mot ne vient pas de leur
langue ; *Tirâvida* est évidemment une altération de
Drâvida, d'après une loi euphonique particulière au
tamoul, qui n'admet guère d'autres combinaisons des
consonnes que le doublement des muettes et la réunion d'une muette et d'une nasale (1), et repousse

____

tionnaire tamoul, au mot *Péchouvây :* « On appelle ainsi le pre-
» mier ministre des rois de Tanjaour. » Ceci doit s'entendre,
quoique le dictionnaire n'en avertisse pas, de la dynastie des rois
mahrattes.

(1) Ellis, *Note sur la grammaire telougou de Campbel* p. 23.

absolument toutes celles où entre la lettre *r* (à la seconde place), qu'on sépare de la consonne précédente, au moyen de la voyelle *i* (1) ; mais ce mot ne semble pas plus explicable par le sanscrit. Wilson, qui le donne dans son dictionnaire, n'en propose pas d'étymologie. Le sens du mot *Tamij* m'est également inconnu.

Quoi qu'il en soit, le mot *Drâviḍa* nous conduit à la limite septentrionale du pays tamoul, vers le 13.ᵉ degré et demi de latitude nord (2), c'est-à-dire, aux environs de *Paliacate*, ville au nord de laquelle le tamoul commence à se parler purement. C'est à partir de ce point, mais en remontant un peu au nord et en marchant de l'ouest à l'est, que nous allons commencer notre examen des noms de lieux tant sanscrits que tamouls.

Le premier lieu important que nous rencontrions au nord, au pied de la chaîne de montagnes qui sépare le Coromandel du haut plateau de l'Inde, est *Tripeti* ou *Tiroupeti*, suivant l'orthographe de nos cartes (3), ou *Tiroupadi*, comme l'écrit Sonnerat, conformément à la prononciation tamoule. C'est un temple célèbre, consacré à *Vichṇou* ; et il a, parmi

---

(1) J'ai déjà cité en preuve de cette règle les mots *choûttiren*, S. *shoûdra* ; *mâttirai*, S. *mâtrâ* ; *tâmbiram*, S. *tâmra* ; on peut ajouter *piriyam*, S. *priya*, et *pirâmanen*, S. *brâhmana*, &c.

(2) Colebrooke, *on Sanscrit and Prâkrit*, *Asiat. Researches*, t. VII, p. 226, éd. de Lond.

(3) Du Jarric, *Histoire des choses mémorables advenues aux Indes*, liv. ıt, p. 571, 1608. Tavernier, tom. II, p. 371, 1681.

les Hindous du sud, une telle réputation de sainteté ,
que c'est une œuvre aussi méritoire d'y faire un péle-
rinage, qu'à *Râmeshvaram ,* ou à *Kâshî* (Béna-
rès) (1). *Tiroupeti ,* qu'il faut écrire *Tiroupati,* est
un des noms de *Vichnou,* à la côte de Coromandel.
Il est composé de deux mots ; l'un sanscrit *pati*
(prononcez *padi*), *mari,* et l'autre tamoul, *Tirou ,*
félicité ou la déesse *Lakchmî,* « le mari de *Lakch-*
mî (2). » *Tirou,* en tamoul, veut dire *bonheur , sain-*
teté , comme *Lakchmî* en sanscrit ; ainsi la traduction est de tout point exacte. C'est un fait remarquable, selon nous , que les Tamouls aient ainsi remplacé un mot de la langue sacrée , que la religion
devait rendre respectable à leurs yeux , par un terme
emprunté au dialecte vulgaire : il ne faudrait pas, je
crois, d'autre preuve pour démontrer l'existence et
même la haute culture de ce dernier, au moment de
l'arrivée des Brahmanes.

---

(1) Sonnerat, *Voyage aux Indes ,* tom. I , pag. 217, *in-4.º*
1782.

(2) Paulin traduit *Tiroupati, lieu saint* ; mais je ne trouve
pas qu'en tamoul *pati* signifie lieu, c'est sans doute *patti* (deux
tt cérébraux), *village ,* qui aura trompé Paulin. L'explication
que je propose me parait préférable, et elle est, indirectement
il est vrai, confirmée par Hamilton, qui nomme ce lieu *Tripetti,*
et entre parenthèses , *Tripati,* « un des noms de Vichnou »
(Hamilton , *Description of Hindostan ,* tom. II, p. 431). Seulement cette orthographe ne me parait pas exacte. Les missionnaires danois écrivent *Tiruppodi.* (*Hist. des Voyages des Danois*
aux Indes , trad. franç. 1747.) Le doublement du *p* est conforme
aux lois de l'orthographe tamoule, parce que , si l'on n'en écrit
qu'un seul, on doit prononcer *b.*

En redescendant à l'est, nous trouvons une dénomination qui paraît purement sanscrite ; c'est le bourg
de *Kalastri* (*Kâlastrî*), qui semble devoir signifier
la femme de Kâla (*Shiva* sous la forme du temps) ;
il en est de même de *Nagheri*, un peu au sud, qui
est le sanscrit *Nagara*, ville, et de *Quichenavaron*
ou plutôt *Krichnavaram*, le don de *Krichna* (1).

Plus à l'est, *Outtou Kôttey* est, comme l'indique son
nom tamoul, un château fort. Ce mot ne signifie pas,
ainsi que le pense Paulin (2), *le château solitaire,*
mais *le château retranché, ottou* voulant dire *retran-*
chement et *kôttai fort.* Paulin a, je crois, confondu
ottou avec *odoukkam, solitude. Paliacate* est également un mot tamoul, dont Paulin donne deux explications, *Valiacada, grand bois* ou *grand trajet* (3):
je ne puis pas plus rendre raison de l'une que de
l'autre ; je ne retrouve que le mot *kâdou, forêt ,*
champ ou *village,* dont Paulin a fait *Cada.* Les *Frag-*
mens tamouls de la bibliothèque du Roi écrivent *Pa-*
liacate, « *Paja-vêl-kâdou,* la forêt des vieux *vêls* »;
suivant ce manuscrit, le *vêl* est un arbre épineux. Le
dictionnaire tamoul manuscrit ne donne *vêl* que dans
le mot composé *velavêlmaram,* « arbre d'où l'on ex-
» trait le vin distillé ; » cela nous apprend que le mot
est tamoul. Toutefois, on a quelque peine à retrouver
dans *Paja-vêl-kâdou* l'origine de *Paliacate.* L'ortho-

---

(1) Paulin, *Voyage aux Indes,* tom. 1, pag. 48, trad. franç.
(2) *Ibid.* p. 45.
(3) *Ibid.*

graphe des missionnaires danois, *Palliacate* ou *Palleacatte*, peut conduire au mot tamoul *pâlaikkoḍi*, nom d'un arbre qui n'est pas décrit dans le dictionnaire ; peut-être que les arbres ainsi nommés sont communs à *Paliacate* (1). S'il m'était permis de proposer une conjecture, je tirerais ce mot de *Pâlaiyam* et de *kâḍou*, « le bois ou le village du campement. » *Pâlaiyam*, en tamoul, comme en télougou *pâlyam*, veut dire un camp ou un village entouré d'un mur en terre. Les chefs de ces camps, qui ont long-temps conservé leur indépendance, se nomment *Pâlaiyagârer*, et, dans les voyageurs, *Paliagar* ou *Poligar*.

Paliacate, la ville la plus septentrionale du Djaghir de Madras, nous conduit à examiner les noms géographiques de cette partie de la côte de Coromandel, dans laquelle nous allons nous renfermer pour un instant. *Djaghir* est une dénomination musulmane ; c'est le mot persan *Djâgîr*, un fief ou une terre donnée par l'état à un particulier en récompense de ses services. Ce nom, qui ne remonte qu'au temps de la conquête mahométane, est plus moderne que celui de *Chingleput* qu'Hamilton donne à ce district, d'après la dénomination sanscrite de la ville *Sinhalapetta* (2). *Petta*, en sanscrit *paṭṭa*, mot qui répond sans doute au tamoul *pêṭṭai*, signifie *faubourg*, ou plutôt, *ville bâtie autour ou auprès d'une forteresse*. La fréquente répétition de

---

(1) *Hist. des Voyages des Danois aux Indes,* tom. I, pag. 37, trad. franç. 1747.

(2) Hamilton, *Description of Hindostan*, tom. II, p. 447.

ce mot dans les dénominations géographiques du sud
de l'Inde, jointe à l'emploi beaucoup plus rare du
même terme dans celles du nord, permet de croire que
Péṭṭai est propre à la partie méridionale de la presqu'île, et qu'il a été emprunté par les Brahmanes au
dialecte de ce pays. Quant au mot *Sinhala*, je ne
sais à quelle circonstance cette ville doit un nom qui
est celui de l'île de Ceylan.

De nos jours, la capitale du Djaghir est *Madras*,
une des plus belles villes modernes des Indes et le
siége de la présidence anglaise de ce nom. Le territoire sur lequel elle fut fondée en 1639, appartenait
au descendant de la dynastie hindoue de Bisnagar qui
régnait alors à Tchandregheri : la ville devait s'appeler
d'après son nom, *Shrî Ranga Raya patam*. Mais
le *Nâyaka*, ou gouverneur local, voulut que le fort
portât le nom de son père *Tchenappa ;* et depuis lors,
Madras a été nommé ainsi parmi les Hindous du
Drâvir (1). Seulement, je le trouve écrit en télougou
Tchenna-paṭnam et non *Tchenappa-paṭnam* (2).
Quant à la dénomination de *Madras*, et sur quelques
cartes *Madrast*, j'en ignore l'origine. Hamilton l'explique par *Mandiraj* (3) ou *Mandira râdja*, peut-
être *habitation du roi ;* mais, pour ce sens, il faudrait
déplacer les deux termes, et dire *Râdja-mandira*.

---

(1) Hamilton, *Description of Hindoṣṭan*, tom. II, p. 413. —
Anquetil, *Recherches historiques et géographiques sur l'Inde*,
tom. II, première partie, p. 175.

(2) Campbel, *Teloogoo Grammar*, p. 158, § 404.

(3) Hamilton, *Description of Hindostan*, tom. II, p. 406.

(268)

En bengali, *Madras* s'appelle *Mândarâdj*, ce qui peut n'être qu'une transcription du nom européen (1).

Après *Chingleput*, la ville hindoue la plus remarquable est *Candjevaràm*, connue par la pagode de ce nom (2). Des événemens importans dans l'histoire de cette partie de l'Inde ont ajouté à l'illustration de ce lieu. A la fin du xv.ᵉ siècle (1478-1503), cette ville fut prise par le roi d'Orixa, Pursottem Deo (*Pourouchottama Deva*), après un long siége, et la fille du roi emmenée en captivité. Cet événement, qui eut lieu dans le beau siècle de la monarchie d'Orixa, a donné naissance à un poëme célèbre, en langue *ouria*, dont la connaissance devrait sans doute jeter du jour sur l'histoire de ce pays (3). *Candjevaram* est appelé, dans ce poëme, comme dans les livres historiques de l'Orixa, *Kandjinagar*, ou *Kandjikaveri*. Les Télingas la nomment seulement *Kanchi* (4). Paulin et Hamilton écrivent *Candjipouram* et *Candjipouri*, et l'interprètent *la ville d'or* (5).

---

(1) *Dialogues on geography &c.*, *for the use of schools*, p. 159, Calcutta, 1824 (en anglais et en bengali). Dans cet ouvrage, qui s'adresse aux Hindous du Bengale, les dénominations géographiques du sud de l'Inde sont, le plus souvent, transcrites telles que les ont altérées les Européens ; ainsi, on trouve *Koromondol* pour *Tcholamandala* ; *Ourisya* (*Orixa*) pour *Odra* ; *Shrovonor* (*Travancore*) pour *Tiruvânkôdou*, ou *Tirouvâjankôdou*, &c.

(2) Valentia, *Voyages and travels*, tom. I, p. 435.

(3) Stirling, *on Orissa*, *Asiat. Res.* tom. XV, p. 280, éd. de Sérampore.

(4) Campbel, *Teloogoo Grammar*, p. 153, § 280.

(5) Paulin, *Voyage aux Indes*, tom. I, p. 47. Hamilton, *Descript. of Hind.* tom. II, p. 448.

Dans cette hypothèse, *Kandji* ou *Kantchi* serait pour
le sanscrit *Kantchana*. Cette explication paraît un
peu forcée ; j'en dirai autant d'une conjecture que j'ai
eu occasion d'avancer, et par laquelle *Kandji* serait
une altération de *kanyâ, jeune fille* (1). Ces interpré-
tations, qui ne reposent que sur des rapprochemens
accidentels, ne sont pas plus concluantes l'une que
l'autre. Enfin *Kandjinagar* paraît être une des sept
villes sacrées de l'Inde, celle qui, dans les textes
brahmaniques, est appelée *Kântchî* (2) ; on y ajoute
indifféremment les mots *nagara, poura (ville),
varam (bénédiction)* que nous avons déjà remarqué
dans *Quichenavaron,* enfin *Kâvêri,* nom d'un fleuve
célèbre dans le sud de l'Inde. J'ignore pourquoi le
nom de ce fleuve, fort éloigné de *Candjevaram,* se
trouve joint au mot *Kântchî ;* je remarquerai seulement qu'on trouve, à peu de distance de cette ville,
un lieu nommé *Kâvêri-pâk,* ce qui veut dire peut-
être *le village du Kâvêri* (de *pâkkam, village*).

En reprenant le Djaghir par le nord, nous voyons
se multiplier les dénominations qui ne peuvent s'expliquer que par le tamoul. Ainsi, au nord-ouest de Madras, est *Pondamalai ,* nommé par les Européens
Grand-mont , ce qui est, suivant Paulin, une traduction exacte de deux mots tamouls (3) ; mais le dictionnaire manuscrit de la bibliothèque du Roi ne donne
pas *ponda* ou *pondou.* Peut-être faut-il lire *Pona*

---

(1) *Journal asiatique ,* tom. X, p. 248.
(2) *Kântchî,* en sanscrit, veut dire *ceinture de femme.*
(3) *Voyage aux Indes ,* tom. I, p. 45, trad. franc.

malai, le mont d'or. Les missionnaires danois écrivent *Puvirindamalli,* ou *Pûndamalli :* je ne puis rendre compte de la première orthographe; la seconde rappelle le mot tamoul *poûṇḍi, village,* d'où peut-être *Poûṇḍimalai, le mont du village* (1). On trouve sur le bord de la mer *Velour,* qu'il faut peut-être écrire *Valloûr* ou *le village fort* (*vallou,* fort, *oûr,* village), et *Tirouvilour,* dénomination qui est probablement la même que celle de *Tirvalore,* lieu beaucoup plus considérable, au sud-est d'Arcate, hors du Djaghir de Madras. Elle doit signifier *fort* ou *grand village consacré;* mais cette interprétation ne peut être rigoureuse, car je n'ai vu ces mots que par le milieu toujours trompeur d'une transcription européenne; il suffit de constater, pour l'objet de cette lettre, qu'ils sont explicables par le tamoul. On y voit, en effet, deux termes qui se reproduisent souvent sur toute la côte de Coromandel, *tirou, saint,* qui, joint à un nom de lieu, indique qu'il a été consacré par quelque souvenir religieux, ou, le plus souvent, par l'érection d'un temple, et *oûr, village,* que l'on rencontre si fréquemment. Ainsi, dans l'espace peu étendu qui sépare la rivière *Cortelar,* qui se jette dans la mer au-dessous de Madras, du *Paler,* qui tombe à Sadras, on rencontre seize noms de lieux qui, pour n'être pas tous explicables, au moins pour moi, offrent cependant des exemples de l'emploi du mot *oûr.*

---

(1) *Hist. des Voyages des Danois aux Indes,* tom. I, p. 37, trad. franç. 1747.

Tripassour, lieu considérable au nord du Djaghir, est encore une dénomination tamoule ; elle nous offre la réunion des deux mots, *tirou*, saint, et *oûr*, village (*passou*, ou *patchtchou*, *vert?*). Il en est de même de *Trinimalet*, entre *Pondamalai* et *Chingleput*, que Paulin écrit *Tirounamalai* et traduit par *saint mont* (1). Pour que cette interprétation fût irréprochable, il faudrait lire *Tiroumalai*. *Outremalour*, au sud-est de *Chingleput*, paraît moitié tamoul, moitié sanscrit. Ce mot me semble composé du sanscrit *outtara*, *nord*, et du tamoul *malai oûr*, « bourg de la » montagne septentrionale. « Paulin prétend que *Outre malour* est une corruption de *Outtamalour, bon village* (2). Il est bien vrai que *outtama* en sanscrit, veut dire *excellent*, mais que fera-t-on de *l* ? Peut-être *Outremalour* doit-il être en tamoul *outtou malai oûr*, « le » village du mont fortifié ? » *Carangouli*, au contraire, semble tout-à-fait sanscrit, *Karângouli*, « doigt de la » main. » De même *Covelong* peut être en sanscrit *Gopâla, berger*, d'autant plus que ce mot est écrit *Côbalam* ou *Cabelon*, par les missionnaires danois (3). Cependant Hamilton y voit *kovil*, mot tamoul qui signifie *temple* ou *palais* (4). *Sadras* ou *Sadraspatnam* est traduit *la ville carrée* (5), du

---

(1) *Voyage aux Indes*, tom. I, p. 46, trad. franç
(2) *Ibid.*
(3) *Hist. des voyages des Danois aux Indes*, tom. I, p. 35, trad. franç. 1747.
(4) *Descript. of Hind.* tom. II, p. 450.
(5) *Hist. des Voy. des Danois*, tom. I, p. 35, trad. franç. 1747.

sanscrit *tchatour, quatre.* Enfin, *Mavelipouram* ou *Mahâbalipouram*, appelé sur nos cartes *les sept pagodes,* sans qu'on sache la cause de cette dénomination, signifie *la ville de Mahâbali.* Ce lieu est célèbre par les restes curieux de temples antiques fréquemment décrits par les voyageurs (1).

Les trois dernières positions qui nous ont reportés sur la côte, ne nous permettent pas d'oublier *Mailapour,* appelé par les Portugais *San-Thomé,* à cause du prétendu martyre de l'apôtre Saint-Thomas. Le nom de cette cité autrefois puissante, signifie, suivant le plus grand nombre des voyageurs et des géographes, *la ville des paons* (2). En effet, *mayil,* en tamoul, veut dire *paon;* mais ce mot peut être l'altération du sanscrit *mayoûra.* Ce nom est fort ancien; car je pense, avec d'Anville et Paulin, que c'est celui de *Maliarpha,* Μαλίαρφα, mentionné par Ptolémée (3). M. Gossellin, au contraire, par suite d'ingénieux calculs, est conduit à remonter beaucoup plus haut *Maliarpha,* et à le placer à l'embouchure de la petite rivière qui se jette un peu au-dessous de Tongolour, dans le dis-

---

(1) Chambers, *Recherches asiat.* tom. I, p. 87, trad. franç. et Valentia, *Voyages and travels,* tom. I, p. 380.

(2) D'Anville, *Eclaircissemens géographiques sur la carte de l'Inde,* p. 125, 1753. *Hist. des Voyages des Danois aux Indes,* tom. I, p. 35, trad. franç. 1747. Paulin, *Voyage aux Indes,* tom. I, p. 45, trad. franç. Hamilton, *Description of Hindostan,* tom. II, p. 449.

(3) Ptolémée, *Geogr.* lib. VII, c. 1. D'Anville, *Antiquités géographiques de l'Inde,* p. 130, 131, 1775. Paulin, *Voyage aux Indes,* tom. I, p. 51, trad. franç.

,cha n.° 3 , doublé au milieu d'un mot, se prononce *tcha,* ainsi :

 poudouchcheri, le nouveau village,
doit se prononcer :

 poudoutcheri, *Pondichéri.*

cha n.° 3 , dans les mots que le tamoul a empruntés au sanscrit, remplace la classe des palatales et celle des sifflantes, c'est-à-dire, sept lettres de l'alphabet dévanagari ; ainsi :

chakkaram,	roue	(S. *tchakra*).
chandiren,	lune	(S. *tchandra*).
charoumam,	peau	(S. *tcharman*).
sadour,	quatre	(S. *tchatour*).
chodi,	splendeur	(S. *djyotis*).
chalam,	eau	(S. *djala*).
cheyam,	victoire	(S. *djaya*).
chankou,	conque	(S. *shankha*).
chatti,	énergie	(S. *shakti*).
Chiven,	*Shiva*	(S. *Shiva*).
satta,	sept	(S. *sapta*).
sabai,	assemblée.	(S. *sabhâ*).

cha n.° 3 , précédé de sa nasale correspondante *ña,* prend le son de *ja,* et *ña,* celui de *n :* ainsi *añchou,* cinq, se prononce *anjou.*

ña n.° 4 se prononce comme *gn* dans *digne.* Nous venons de voir comment le son de cette consonne était modifié lorsqu'elle se rencontrait avec *cha.* Je ne crois pas qu'elle soit d'origine tamoule, et elle me paraît, comme la nasale *nga,* empruntée à l'alphabet plus per-

I   18

fectionné du sanscrit. L'existence de ce caractère dans des mots évidemment tamouls, ne prouve rien contre cette opinion, puisqu'on peut toujours dire qu'il y a été introduit après coup, et par imitation d'un système d'orthographe qui s'est attaché à noter jusqu'aux moindres nuances du son nasal.

da n.° 5 répond exactement au *ḍ* cérébral de l'alphabet dévanagari. La prononciation de cette lettre, d'un usage général dans les langues du sud de l'Inde, ne peut pas se décrire; elle tient du *d* et du *r*. *ḍa*, qui en tamoul est rare au commencement d'un mot, tandis qu'il est fréquemment médial, vaut, quand il est seul, *ḍa*, quand il est doublé, *ṭṭa*. Ce qui montre que la prononciation de cette lettre comme initiale n'est pas très-facile, c'est qu'on peut faire précéder les mots qu'elle commence, d'un *i*, accompagné ordinairement de la sémi-voyelle *y* (*yi*).

kàḍou,	forêt.	*naḍai,*	marche.
kaḍi,	morsure.	*pâḍou,*	passion.
taḍippou,	enflure.	*paḍam,*	étendard.
tâḍi,	barbe.	*taṭṭai,*	grosse paille.
tàḍai,	visage.	*taṭṭâṅ,*	orfévre.
touḍai,	cuisse.	*neṭṭou,*	long.
toḍer,	chaîne.	*paṭṭi,*	village.
nàḍou,	pays.	*poûṭṭou,*	clef.
naḍou,	milieu.	*koûṭṭou,*	société.

ḍa n.° 5, dans les mots que le tamoul a empruntés au sanscrit, remplace toutes les cérébrales, douces ou fortes; ainsi :

nâḍagam,   pièce de théâtre   (S. *nâṭaka*).
diṭṭi,   vue   (S. *dṛichṭi*).

ṇa n.° 6 est la nasale de la lettre précédente. Elle n'est jamais initiale; on ne la trouve qu'au milieu et à la fin des mots; elle précède toujours le *ḍ* cérébral n.° 5, et répond exactement au premier *ṇ* de l'alphabet dévanagari; ainsi :

maṇḍalam,   région.   *Pâṇḍaver,* les fils de *Pâṇḍou.*

ta n.° 7 est soumis aux changemens que nous avons remarqués sur *ka;* ainsi, simple au commencement d'un mot et doublé au milieu, il se prononce *ta ;* ex. :

tagappen,   père.   *terou,*   rue.
tambirân,   Dieu (1).   *târou,*   grappe.

---

(1) Le mot *Tambirân, Dieu,* qui s'écrit aussi *Tambourân,* signifie en même temps *roi, prince.* Il est depuis long-temps connu en Europe, mais sous la forme altérée que lui ont donnée les Portugais : c'est le *Zamorin* de Calicut, un des princes établis par *Chéran Peroumân,* le dernier roi du Malabar, après le partage de son empire. *Tambirân,* dont on n'a pas, que je sache, proposé d'explication, offre une grande analogie avec le nom de *Nambouri* donné aux brahmanes indigènes du Malabar, et dont quelques personnes ont cherché, mais selon moi sans succès, le véritable sens. M. Duncan, dans un mémoire historique sur la côte du Malabar (*Asiat. Res.* t. V, p. 29), donne une explication qui lui a été suggérée par M. M'Lean. « *Nambouri,* dit-il, est une corruption de » *Nambie,* nom qui désigne les brahmanes attachés au service des » temples. Suivant d'autres autorités, ce mot dérive de *nama* et de » *poûdjâ* ou *poûdjikanna* (lisez *poûdjikkounnou*), *sacrifier,* ou accom- » plir les cérémonies religieuses. » Je crois que c'est dans le tamoul et non dans le sanscrit (dont les mots précédemment cités sont une altération) qu'il faut chercher le sens de *Nambouri.* Si l'on compare ensemble les mots suivans, *Tambouri,* ou plutôt *Tambirân, roi, Nambouri* ou *Nambirân* (que je ne trouve pas dans le dictionnaire

tây,	mère.	*têr,*	char triomphal.
tarai,	terre.	*tel,*	clair.
tirou,	félicité.	*têl,*	scorpion.
tirai,	flot.	*tên,*	miel.
touli,	goutte.	*tamer,*	trou.

ta n.° 7, au milieu d'un mot, se prononce *da;* il en est de même lorsque cette lettre est précédée d'un *n;* ainsi :

nodi,	bourbier.	*oudavou,*	secours.
noudel,	écume.	*poudou,*	nouveau.
moundel,	promontoire.	*podou,*	chose commune.
koudirai,	cheval.	*moudel,*	principe.
adaipou,	enflure.	*moudirou,*	mûrir.

ta n.° 7, dans les mots que le tamoul a empruntés

---

ms. de la Bibl. du Roi, mais que fait supposer l'analogie de *Tambirân*), *Chembiren* ou *Chembirân, grand,* on reconnaîtra qu'ils sont composés des mots *tam, nam, chem* et *pirân,* dont le *p* se change en *b* dans la prononciation, d'après la règle indiquée plus bas sur l'article *pa,* or *pirân* existe en tamoul, où il signifie *Dieu.* Le mot *chem* veut dire *rouge, éclatant,* puis *juste,* d'où *Chembirân, Dieu juste.* Quant à *tam* et *nam,* ce sont les pronoms de la 3.e et de la 1.re personne, dont la forme propre est *tân, il, eux,* et *nân, je, nous.* L'*a* est abrégé et le *n* changé en *m* d'après une règle exposée dans la Grammaire tamoule d'Anderson. *Tambirân* peut donc signifier *leur Dieu,* et *Nambirân, notre Dieu.* Je ne saurais dire pourquoi l'une et l'autre de ces dénominations ont été appliquées aux brahmanes plutôt qu'aux princes, et réciproquement. Je veux seulement indiquer les élémens dont elles sont formées, sans prétendre en donner le sens rigoureux. *Nambouri* ne me paraît donc pas une altération de *Nambie;* le contraire me semble plus vrai. *Nambie* est, en tamoul, *Nambiyân,* et le dictionnaire ms. le traduit : «Brame peu distingué qui sert dans les temples.» Or *Nambiyân* paraît dérivé de *Nambirân* par le changement très-naturel de *r* en *y.*

au sanscrit, remplace toutes les dentales fortes ou
douces, ainsi :

tânam, prononcez *dânam,* don.
tinam, ... *dinam,* jour.
tantam, ... *dandam,* dent (S. *danta*).
tekam, ... *degam,* corps (S. *deha*).
tarai, ... *darai,* terre (S. *dharà*).
tîpam, ... *dîpam,* lampe.
nati, ... *nadi,* rivière. (S. *nadî*).
nintai, ... *nindai,* mépris (S. *nindà*).

na n.° 8 est la nasale de la dentale *ta;* elle répond
au *na* de l'alphabet dévanagari : cette lettre n'est jamais
finale; ainsi :

nel, riz. *nâl,* jour.
ney, beurre. *nêram,* temps.
noûl, fil. *nêr,* chose droite.
nâ, langue. *noulai,* cécité.

pa n.° 9 est soumis aux changemens que nous
avons remarqués sur *ka* et *ta;* ainsi, simple au commencement d'un mot et doublé au milieu, il se prononce *pa;* exemple :

pen, femelle. *pari,* rapine.
pâl, lait. *paji,* vengeance.
pallou, dent. *pajam,* ancien.
pouli, tigre. *pel,* beaucoup.
pirai, lune. *pêr,* grand.
pirân, Dieu. *appen,* père.
poullou, herbe. *appou,* jeter.
pon, or. *irappen,* mendiant.
pôr, combat. *ouppou,* sel.

pa n.° 9 au milieu d'un mot se prononce *ba;* il en est de même lorsque cette lettre est précédée d'un *m;* ainsi :

> *vambou,* mauvais naturel.
> *tajoumbou,* cicatrice.
> *pambel,* élévation.
> *nambouri,* brahmane du Malabar.

pa n.° 9, dans les mots que le tamoul a empruntés au sanscrit, remplace toutes les dentales douces ou fortes; ainsi :

pali,	prononcez *bali,*	offrande.
poutti,	.... *boutti,*	esprit (S. *bouddhi*).
payam,	.... *bayam,*	crainte (S. *bhaya*).
pâkam,	.... *bâgam,*	partie (S. *bhâga*).
pantam,	.... *bandam,*	lien (S. *bandha*).
sopanam,	.... *sobanam,*	brillant (S. *shobhana*).

ma n.° 10 est la nasale de la labiale *pa;* elle ne peut se placer devant d'autre consonne que *pa;* ex. :

malai,	montagne.	*mâr,*	poitrine.
manel,	sable.	*miji,*	prunelle.
mêdou,	lieu élevé.	*mayir,*	cheveu.
madou,	gouffre.	*mouttai,*	œuf.
men,	terre.	*moji,*	langage.
mattou,	borne.	*mêlam,*	concert.
moul,	épine.	*maram,*	arbre.
manai,	maison.	*magel,*	fils.
mey,	corps.	*mâdou,*	bœuf.
moulai,	mamelle.	*mân,*	cerf.

Les lettres *ya, ra, la, va,* répondent exactement à la classe des sémi-voyelles de l'alphabet dévanagari ; elles sont rangées dans le même ordre, ce qui est une nouvelle preuve de l'influence du sanscrit sur le classement des sons de la langue tamoule. Les lettres *ya, ra, la,* initiales, peuvent être précédées d'un *i* additionnel. On sait que dans quelques idiomes dérivés du latin, dans l'italien par exemple, beaucoup de mots sont précédes d'un *i* qui n'appartient pas au radical. Voici, au reste, quelques mots d'origine tamoule commençant par *v* :

vây,	bouche.	*vada,*	septentrional.
viji,	œil.	*vadou,*	blessure.
vâl,	épée.	*vellai,*	blancheur.
valam,	côté droit.	*vîdou,*	maison.

ja n.º 15 se prononce ou *ja* ou *za,* quelquefois même *la,* comme dans *vellâja* ou *vellâla,* caste des laboureurs, *tamil,* tamoul ; enfin, suivant Anderson, qui représente cette lettre par un *r* sous-ponctué, comme le ز de l'hindoustani, qui répond au *d* cérébral sánscrit. La description qu'en donnent les ouvrages que j'ai consultés n'en fait pas parfaitement comprendre le son (1). Cette lettre, qui n'est jamais initiale, n'a

____

(1) La *Grammaire tamoule,* par un missionnaire du Carnatic, p. 4, ms. de la Biblioth. du Roi, s'exprime ainsi : « Cette lettre est » la plus difficile de cet alphabet et des plus extraordinaires ; cepen- » dant, bien prononcée, elle ne choque point l'oreille. C'est un mé- » lange du *l* gras et du *z.* Il faut, en prononçant *l* ou même *z,* parler » du gosier, ou, ce qui est le même, élever la langue vers le gosier, » car cette lettre se prononce plus avec la racine de la langue qu'avec

point d'analogue dans l'alphabet sanscrit ; elle est donc
propre au tamoul, et, comme nous le verrons plus tard,
au dialecte vulgaire du Malabar ; ex. :

vaji,	chemin.	*tajai,*	feuilles.
poujoudi,	poussière.	*majai,*	pluie.
poujou,	ver.	*pijai,*	défaut.
tojou,	étable.	*vajou,*	faute.
nijel,	ombre.	*vajakkam,*	usage.

la n.° 16 est défini par la grammaire manuscrite
citée sur la lettre précédente, un *l* gras. C'est une
sorte de *la* cérébral qui peut répondre au double *lla* des
Védas, mais qui est d'un usage beaucoup plus fréquent
en tamoul et dans quelques dialectes vulgaires, qu'en
sanscrit (1). Cette lettre qui, dans quelques parties de
l'Inde méridionale, se confond avec la précédente *ja*,
n'est jamais que médiale ou finale ; ex :

palli,	habitation.	*vali,*	vent.
vilai,	champ.	*milakou,*	poivre.
oulai,	boue.	*pillai,*	enfant.

» la pointe. » Le *Dictionnaire tamoul - français* ms. de la même
Bibliothèque donne les détails suivans : «La quinzième consonne
» est appelée *zakaram* ou *magâzakaram,* parce qu'elle ne diffère de
» la lettre *m* que par une inflexion. Elle est *l*; mais ce *l* se pro-
» nonce la langue doublée autant qu'il est possible, et en haut et en
» dedans avec un son épais et barbare pour les étrangers. Cette lettre
» diffère certainement de la suivante n.° 16; mais, depuis le *Marava*
» et le *Maduré,* dans tout le reste de l'Inde au midi, on ne distingue
» ces deux lettres ni par le son ni par l'écriture. » Sans doute par le
mot *inflexion,* il faut entendre *trait* ou *queue;* c'est, en effet, la seule
différence qui distingue la forme du *ja* de celle du *ma.*

(1) Carey, *Sangskrit Gramm. pref.* init.

valaɪ,	cercle.	*oullam*,	volonté.
koulir,	froid.	*telivou*,	transparence.
nîlam,	longueur.	*touli*,	goutte.

ra n.° 17 répond, lorsqu'il est simple, à notre double *rra* ; ainsi :

arou,	fleuve.	*karouppou*,	noir.
ouram,	fumier.	*chorou*,	riz cuit.
kouradou,	enclume.	*kouri*,	signe.
irai,	articulation.	*ourai*,	brûler.

ra n.° 17, lorsqu'il est doublé, prend le son de *tta*, particularité dont je ne puis quant à présent rendre raison ; ainsi :

kâttou,	vent.	*chouttou*,	circuit.
nâttam,	puanteur.	*chittou*,	petit.
ettam,	montée.	*ottai*,	unique.

ňa n.° 18 répond à un *n* doublé. Cette lettre, qui n'est jamais initiale, ne se trouve pas dans l'alphabet dévanagari : mais elle paraît différer à peine du n.° 8 ; car on remarquera que si d'un côté le n.° 18 ne peut être initial, le n.° 8 ne peut être final, de sorte que ces deux caractères réunis se complètent.

Outre les lettres dont nous venons d'examiner la valeur, les Tamouls en ont emprunté au *grantham* deux autres uniquement destinées à la transcription des mots sanscrits ; ce sont les sifflantes *sa* et *cha* prononcées fortement. En résumant les sons représentés par ces divers signes, nous trouvons *k*, *g*, *ng*, *tch*, *ch*, *gn*, *t*, *d*, *n*, *t*, *d*, *n*, *p*, *b*, *m*, *y*, *r*, *l*, *v*, *j*, *l*, *r*, *ň*, en tout vingt-trois consonnes exprimées par dix-

huit caractères. Si nous éliminons les deux nasales
ng et *gn*, qui sont de pures inventions des grammairiens, et le dernier *ṅ*, qui se confond avec le *n* dental,
nous trouverons dans l'alphabet tamoul vingt sons fon-
damentaux. Mais que nous admettions cet alphabet
tel qu'il est, ou qu'en le soumettant à un examen
critique nous lui fassions subir quelques retranche-
mens il n'en restera pas moins constant, 1.° qu'il n'a
pas tous les sons du dévanagari; 2.° qu'il en a que le
dévanagari ne possède pas.

Si nous passons maintenant à l'examen des signes
employés par le tamoul pour représenter les sons précédemment analysés, et si nous les comparons à ceux
de l'alphabet dévanagari, nous trouverons que les caractères tamouls paraissent pour la plupart empruntés
à ce dernier. Mais la forme des lettres s'altère si facilement, tant de causes, sans parler du temps, la plus
active de toutes, concourent à les modifier, qu'il est
souvent inutile de chercher des ressemblances là où
il n'en peut plus exister. D'ailleurs la différence du
tamoul et du dévanagari actuel ne prouve rien dans
la question qui nous occupe, puisque, ne possédant
pas un alphabet sanscrit d'une date vraiment ancienne,
nous ne pouvons dire jusqu'à quel point il a pu autrefois se rapprocher ou s'éloigner du tamoul.

Jusqu'à ce qu'on ait rassemblé de plus amples maté-
riaux, on doit donc se garder de toute conclusion systé-
matique à cet égard. Cependant on ne peut s'empêcher de
remarquer l'analogie frappante que présentent certains
signes tamouls avec ceux de la langue pali, dont l'al-

phabet doit maintenant trouver place dans toute
discussion sur les écritures indiennes. Ce sont les
lettres *ou, p, y, l* et *m,* qui sont à-peu-près identiques
en tamoul et en pali, comme on peut s'en convaincre
en comparant les planches IV et V de l'*Essai* sur cette
langue avec celle qui accompagne notre lettre. Elles
le sont également avec les caractères des curieuses inscriptions de *Râdjoulotchan,* si savamment expliquées
par M. Wilson dans le XV.ᵉ volume des *Asiatic
Researches.* Seulement il faut ne pas faire acception
du petit carré qui surmonte chacune de ces lettres
dans ces inscriptions, et qui représente l'*a* bref dont
les consonnes sont douées dans le système du dévanagari (1). La table alphabétique qui accompagne le monument de *Râdjoulotchan,* nous fournit d'autres rapprochemens non moins précieux. La voyelle *i* est identique avec *î* long en tamoul; il n'y a de différence que
dans la quantité: le *k* tamoul est aussi le même que
le *k* de cette table, et cette ressemblance paraît encore
plus, si l'on rapproche de ces deux formes le *k* de l'écriture *grantham* dont Paulin de S.ᵗ Barthélemy s'est
servi dans ses ouvrages. *Tch, gn* et *d,* en tamoul, sont,

---

(1) Dans l'*Essai sur le pali,* on avait conjecturé que, loin d'être
supprimé, l'*a* bref qui accompagne chacune des consonnes en dévanagari devait être écrit avec elles, et que la ligne perpendicu-
laire dont presque toutes sont suivies, pouvait être cet *a* bref. Il
fallait dire que c'est la ligne horizontale, laquelle représente le
petit carré des inscriptions. Les lexicographes indiens l'appellent
mâtra, ce qui prouve qu'ils ont bien connu la nature et la composition du caractère dévanagari. (Wilson, v.° *Mâtra,* et *Asiat. Res.*
t. XV, p. 507.)

à très-peu de chose près, les mêmes que dans les inscriptions précédemment citées. D'un autre côté, le *ṇ*
cérébral a beaucoup d'analogie avec celui du pali,
qui a été trouvé identique avec la même lettre dans
le dévanagari des XIIe et XIIIe siècles. En résumé, sur
quatorze consonnes tamoules (car nous ne devons pas
compter les quatre dernières, que ne possède pas le
sanscrit), il y en a neuf (plus deux voyelles) qui ont
le plus grand rapport avec les mêmes lettres dans
l'alphabet dévanagari. Ajoutons que le système d'union
des voyelles aux consonnes est le même dans les deux
langues, et se fait presque avec les mêmes signes. C'en
est assez, je pense, pour qu'on puisse avancer que le
tamoul a emprunté les signes de son alphabet au dévanagari. Quant aux quatre lettres propres au tamoul,
elles sont elles-mêmes dérivées de l'alphabet des brahmanes, indirectement il est vrai; mais elles ne sont
en réalité que le redoublement ou la modification d'un
caractère tamoul déjà emprunté au sanscrit. Ainsi *ja*
est *ma* avec un signe de plus; *ḷa* n'est qu'un changement de *la*; *ṟa* paraît être le double *ra*, et le dernier *ṉ*
est évidemment dérivé du *ṇ* n.° 6. Ces assertions paraîtront, je pense, prouvées aux personnes qui com-
pareront attentivement les quatre dernières formes de
notre planche avec les n.^{os} *m, l, r, ṇ*.

Il nous reste maintenant à résumer les faits exposés
dans cette analyse, et à indiquer les conclusions qu'on
peut en tirer.

1.° La langue tamoule possède plus de sons que
n'en peut représenter son alphabet très-borné; ainsi

elle n'a pas de signes pour les douces, et est obligée de les exprimer au moyen des fortes.

2.° L'alphabet tamoul se plie à la transcription du sanscrit, dont le syllabaire est beaucoup plus étendu, tantôt en remplaçant des caractères exprimant un son inconnu au tamoul avec le signe d'un son analogue, tantôt en employant la forte pour la douce.

3.° Le tamoul, quoique moins riche que le dévanagari, a cependant quelques sons étrangers à la langue des brahmanes.

4.° Les lettres tamoules sont rangées dans l'ordre des lettres sanscrites.

5.° Les formes des lettres tamoules sont empruntées au dévanagari, et même les lettres représentatives de sons qui ne se trouvent pas dans ce dernier alphabet, ne sont encore que le résultat de la combinaison de caractères dérivés du dévanagari.

De ces faits il résulte, selon moi, que la langue tamoule a un alphabet, je devrais plutôt dire une liste de sons, qui lui est propre, qui ne dérive pas du sanscrit, et conséquemment est antérieure à l'introduction de l'idiome sacré des brahmanes dans les pays où se parle le tamoul. La contradiction qui semble exister entre le fait de l'originalité de l'alphabet tamoul, et celui de l'identité de ses caractères avec ceux du sanscrit, n'est qu'apparente : elle prouve, il est vrai, que les Hindous du Coromandel ont emprunté la forme de leurs lettres aux brahmanes leurs maîtres, mais nullement qu'ils en ont reçu leur alphabet dans le sens le plus étendu de ce mot. Il y a plus : la langue tamoule devait, avant l'arrivée des Hindous du nord, être parvenue à un assez haut degré de culture, car son alphabet a résisté à l'influence que devait naturellement exercer le système plus perfectionné du dévanagari. La preuve en est dans la pauvreté du syllabaire tamoul, qui n'a pas su s'enrichir des signes nécessaires pour représenter une classe entière de consonnes, celle des douces (*ga, da,* &c.). L'habitude de se servir pour cet objet des fortes correspondantes, était déjà ancienne chez les Hindous du sud, puisqu'elle n'a pas cédé devant les avantages incontestables de la méthode brahmanique. Il y a donc eu, entre eux et le peuple plus éclairé qui les a conquis, une sorte de transaction dans laquelle le tamoul a été assez fort pour conserver l'originalité de son alphabet. Ce fait est d'autant plus remarquable, que plusieurs langues méridionales portent, comme nous le verrons, des traces plus nombreuses et plus profondes de l'action de la civilisation du nord. Dans les noms que les grammairiens tamouls donnent aux lettres et à leur division en voyelles et en consonnes, en brèves et en longues, la part du sanscrit est encore la moindre; et, si l'on peut dire que la connaissance de l'alphabet dévanagari a dû leur inspirer l'idée et le besoin de ces divisions, il faut, en même temps, reconnaître qu'il existait dans la langue des mots purement tamouls propres à les désigner.

Ce serait ici le lieu de rechercher de combien de caractères a dû se composer cet ancien alphabet tamoul dont l'existence vient d'être démontrée par les faits. Suivant MM. Anderson et Babington, les Hindous disent qu'il n'avait que seize lettres ; mais ces auteurs ne les nomment pas, et il est à regretter qu'ils n'aient‚ pas éclairci ce fait : le rapprochement que M. Anderson établit entre l'alphabet tamoul et l'ancien alphabet grec, aussi composé de seize lettres, n'en eût eu que plus d'intérêt ; on eût au moins été à portée d'en apprécier la valeur. Je crois que si j'avais pu consulter un alphabet de la langue *malayâlam* ou du malabar vulgaire, je serais arrivé à quelque résultat positif sur ce point ; car comme ce dialecte est, d'après les faits que j'exposerai plus tard, radicalement le même que le tamoul, et qu'il se distingue ainsi du *grantham,* ou de la langue des livres, il a pû conserver l'alphabet primitif, sans y mêler aucune des lettres dont l'adoption des mots sanscrits eût nécessité l'emploi. Mais je n'ai pu recueillir sur cet alphabet *malayâlam* que très-peu de notions, encore sont-elles contradictoires. Paulin de S.ᵗ Barthélemy, qui reconnaît au tamoul trente lettres, dit que le malabar, ou le dialecte qui s'étend depuis le cap Comorin jusqu'à celui d'Ily, a deux alphabets nommés, l'un *grantham,* et l'autre *malayâlam tamoul ;* le *malayâlam* a selon lui vingt-trois caractères (1). L'auteur de l'*Alphabetum Grandonico-malabaricum,* qui nomme cette écriture l'alphabet vulgaire, par opposition au *grantham ,* et l'appelle *malayân-tamouza* (ou *tamoula ,* suivant qu'on prononce le *ja* tamoul, *z* ou *l*), avance que le nombre des caractères est à-peu-près le même qu'en

---

(1) *Voyage aux Indes ,* t. II, p. 204, trad. franç.

tamoul(1). Enfin Anquetil, dans ses Notes sur le voyage de Paulin, dit que le *malayâlam* a comme le tamoul trente caractères (2). Il n'y aurait qu'un moyen de faire cesser ces incertitudes, mais il n'est pas à ma disposition. Au reste la recherche de ce qui a pu composer le fond des alphabets tamoul et malayâlam trouvera mieux sa place quand nous examinerons les écritures de la côte occidentale de l'Inde, et entre autres le curieux monument de *Chêran Peroumân*, relatif aux chrétiens de Saint-Thomas.

Les détails que je viens d'exposer paraîtront sans doute à quelques personnes bien minutieux; mais j'espère qu'ils trouveront grâce aux yeux de celles qui ne dédaignent rien de ce qui peut jeter quelque jour sur l'histoire des anciens peuples. Vous avez bien voulu, Monsieur, m'encourager à ces recherches, en me faisant entrevoir les résultats auxquels elles doivent conduire ; c'est à ce titre que j'ose vous soumettre ce premier essai. La question de l'originalité des alphabets, et par suite des idiomes de l'Inde méridionale, qui, au premier coup d'œil, semble n'intéresser que le grammairien, prend, lorsqu'elle est envisagée de plus haut, une grande importance historique. Si l'existence des idiomes non dérivés du sanscrit est reconnue, il en résulte qu'il y a dans l'Inde des langues de deux espèces : d'un côté les dialectes populaires, de l'autre la langue religieuse ou le sanscrit; et comme des différences aussi

---

(1) *Alphab. grandon. malab.* Rom. 1772, p. 11.
(2) *Voyage aux Indes*, t. III, p. 400.

prononcées dans les idiomes indiquent aussi des diffe-
rences de races, il en résulte avec une égale certitude
qu'il y a deux peuples, des conquérans et des vaincus.
Il y a bien des siècles sans doute que s'est opérée la
conquête. A part quelques peuplades qui errent encore
indépendantes dans les montagnes, le brahmanisme a
complétement soumis les races indigènes ; il leur a
imposé sa croyance, sa constitution, ses usages et ses
mœurs. D'un bout de l'Inde à l'autre, il a élevé des
temples, bâti des villes, et fait prédominer sa langue,
admirable si on la compare à celles des peuples qu'il a
civilisés. Mais cette langue est restée celle de la religion
et de la science ; elle n'a pas descendu jusque chez les
vaincus, relégués avec leurs dialectes nationaux dans
les rangs inférieurs de la hiérarchie sociale. Plus le
peuple soumis a été nombreux et fort, plus il a résisté
avec succès à l'influence de la langue savante. Au reste,
quelque puissante qu'on suppose cette influence, elle
a dû toujours rencontrer un obstacle insurmontable
dans la différence primitive des races, que la loi religieuse a consacrée. C'est à ce caractère particulier de
la conquête brahmanique qui a, pour ainsi dire, super-
posé les vainqueurs aux vaincus sans qu'ils pussent
jamais se confondre, que la société indienne doit d'a-
voir conservé, sous une apparente uniformité, tant de
variété et de vie. C'est la distinction des castes qui a
perpétué, à côté de la langue religieuse, des idiomes les
uns très-perfectionnés, les autres presque barbares,
mais qu'il faut reconnaître comme antérieurs à la conquête, qu'elle se soit accomplie par les armes, ou

<table>
<tr><td>I.</td><td>19</td></tr>
</table>

par l'action irrésistible des lumières, ou peut-être par l'une et l'autre cause à-la-fois. Quand plus tard on aura montré (ce qui n'est sans doute pas impossible) la haute antiquité de cet événement, ces idiomes acquerront une nouvelle importance ; on les étudiera comme des monumens précieux de l'esprit humain à des époques anciennes. Mais quel que soit le degré d'intérêt qu'ils doivent exciter, ils auront toujours le mérite d'avoir donné à la philologie le moyen de constater, au profit de l'histoire, des faits dont le souvenir même avait presque entièrement péri.

Veuillez, Monsieur, &c.

EUG. BURNOUF.

Commentaire sur la Description des Pays caucasiens de Strabon, par M. KLAPROTH.

(Suite.)

TEXTE DE STRABON, liv. XI.

TOUT proche est le bourg *Patraëus* ; et, de *Patraëus* au bourg *Corocondamé*, on compte 130 stades. Là finit ce qui s'appelle proprement le Bosphore Cimmérique, c'est-à-dire, le détroit qui se trouve à l'embouchure du *Palus-Mæotis :* la longueur de ce détroit s'étend, depuis le pas resserré entre l'*Achilleum* et le *Myrmecium*, jusqu'à *Coro-*